A B C

DES ÉCHECS

(Publié comme complément à « La Stratégie », journal d'échecs.)

PARIS

IMPRIMERIE BALITOUT, QUESTROY ET Cᵉ,

7, rue Baillif, et rue de Valois, 18.

A B C

DES ÉCHECS

OU

INTRODUCTION A L'ÉTUDE

DE LA

STRATÉGIE RAISONNÉE DES ÉCHECS

COMPLÉTÉ PAR UNE SÉRIE DE PLUS DE CENT PROBLÈMES
INÉDITS ET GRADUÉS DES MEILLEURS AUTEURS

PAR

JEAN PRETI

Qui joue un coup en vain
Perd un grand avantage :
Joueur habile et sage
Ne fais rien sans dessein.
Distraits ne soient tes yeux,
Ni ta main trop légère ;
Un bon coup s'offre à faire :
Vois s'il n'est rien de mieux.

(DE SAINT-OSSANS.)

EN VENTE

A PARIS, CHEZ JEAN PRETI, ÉDITEUR
RUE SAINT-SAUVEUR, 72
ET AU CAFÉ DE LA RÉGENCE, RUE SAINT-HONORÉ, 161
A LONDRES, CHEZ BARTHÈS ET LOWELL
14, GREAT MARLBOROUGHT STREET, 14

1868

Tous droits réservés.

A B C
DES ÉCHECS

INTRODUCTION

En toutes choses, il importe de bien commencer, presque toujours du commencement dépend le milieu, et du milieu dépend la fin ; les études mal commencées sont rarement profitables, et c'est alors le cas d'appliquer le proverbe populaire : *L'étoffe a pris son pli.*

Il y a donc une sorte d'obligation pour ceux qui sont entrés dans le sanctuaire d'en faciliter l'entrée à tous ceux qui se présentent. Il y aurait égoïsme à vouloir être seul admis aux jouissances d'un banquet où sont conviés tous ceux qui portent les signes de la vocation. La grande famille de Palamède, impérissable par sa nature, doit chercher assurément à prendre tous les jours de nouveaux accroissements. Or, les commençants sont la semence destinée à produire une moisson de plus en plus abondante. En eux seuls, en un mot, réside l'avenir de la famille.

Vous donc, espoir de la patrie, asseyez-vous près de nous. Voici ce qu'on appelle un Échiquier, c'est le champ de bataille où se livrent nos innocentes luttes ; ici, sachez-le bien, vous n'avez à attendre rien de semblable aux *fusils à aiguille.*

Avez-vous ouvert un *Traité d'Echecs ?* une *Stratégie raisonnée des Ouvertures ?* Non ! — Eh bien ! je vais vous éviter cette peine, attention, et suivez ces premiers éléments, ils vous serviront d'introduction. Plus tard, le livre à la main, vous pourrez vous livrer à des études plus approfondies.

1

CHAPITRE PREMIER

DE L'ÉCHIQUIER — DES PIÈCES — DE LEUR NOM, DE LEUR FORME
ET DE LEUR MARCHE — NOTATIONS ET ABRÉVIATIONS.

L'Échiquier est un carré de 64 cases alternativement blanches et noires comme le diagramme qui suit :

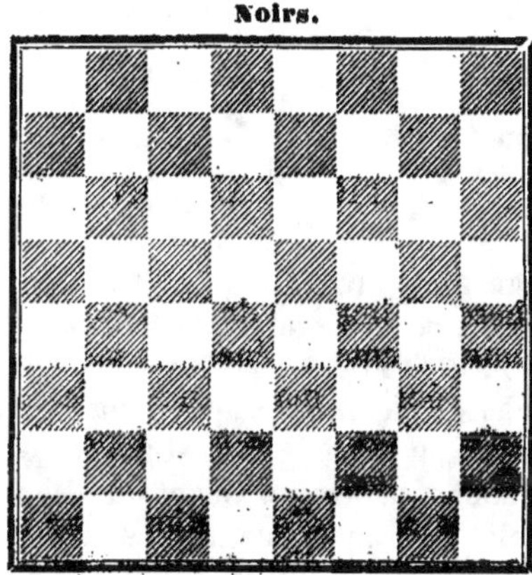

Au début de la partie, les pièces doivent être placées sur l'Échiquier comme elles le sont dans le diagramme ci-après :

On voit que chaque joueur doit avoir une case angulaire blanche à sa droite.

Le tableau suivant représente le nom, la forme des pièces et de leurs Pions.

	BLANCS.				NOIRS.	
Roi	ou	R.		Roi	ou	R.
Dame	ou	D.		Dame	ou	D.
Tour	ou	T.		Tour	ou	T.
Fou	ou	F.		Fou	ou	F.
Cavalier	ou	C.		Cavalier	ou	C.
Pion	ou	P.		Pion	ou	P.

Dans le diagramme précédent, la 1re pièce à gauche s'appelle donc Tour, la 2e Cavalier, la 3e Fou, la 4e Dame ou Reine, la 5e Roi, la 6e Fou, la 7e Cavalier, et la 8e Tour. Les pièces à gauche de la Dame s'appellent Tour, Cavalier et Fou de la Dame; on appelle Fou, Cavalier et Tour du Roi les pièces qui sont à sa droite. Quant aux Pions, ils portent le nom de la pièce devant laquelle ils sont placés; ainsi, on appelle Pion du Roi celui qui est en avant de cette pièce et sur la même colonne.

La Dame, au début, doit toujours être placée sur une case de sa couleur : *Servet Regina colorem.*

MARCHE DES PIÈCES

ACCOMPAGNÉE DE DESCRIPTIONS GRAPHIQUES.

Marche du Roi.

Nota. La pièce noire sert de base aux explications qui suivent.

Il est à remarquer, et nous ne sachons pas qu'on l'ait fait avant nous, que le R impose sa marche à toutes les pièces ainsi qu'aux Pions.

Le Roi ne fait qu'un pas à la fois, mais dans tous les sens.

Le grand Roi roule ici ses pas majestueux.

Nous appelons *Étoile du Roi* la somme des huit directions

suivant lesquelles il peut se mouvoir à tous les points de l'Échiquier, excepté aux bandes, exemple :

Étoile du Roi.

Marche de la Dame.

La marche de la Dame est celle du Roi continuée en ligne droite jusqu'à la bande.

Nous allons voir qu'elle réunit la marche de la Tour et celle du Fou. Comme sa portée semble rayonner dans tous les sens, nous l'appelons le *Rayonnement* de la Dame, conduits par la même analogie que précédemment.

Rayonnement de la Dame.

Marche de la Tour.

La Tour marche perpendiculairement aux bandes, comme le R dans quatre de ses huit directions,

Dans les coins, elle décrit une équerre; à la bande, elle en décrit deux, et quatre partout ailleurs. Nous donnons à sa marche la dénomination d'*Équerre de la Tour.*

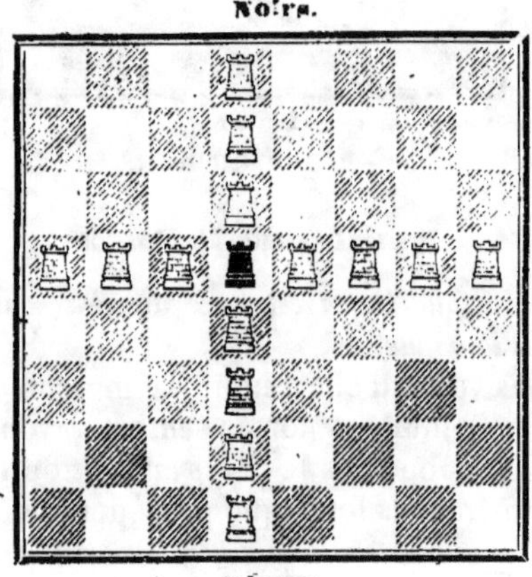

Équerre de la Tour.

Marche du Fou.

Le Fou suit la direction des diagonales, comme le Roi dans quatre de ses huit directions, mais sans pouvoir changer de couleur.

Nous désignons sa marche sous le nom de *Lorgnement du Fou.*

Nota. On voit que la marche de la Tour, réunie à celle du F, se fait dans les huit directions de celles du R et de la D.

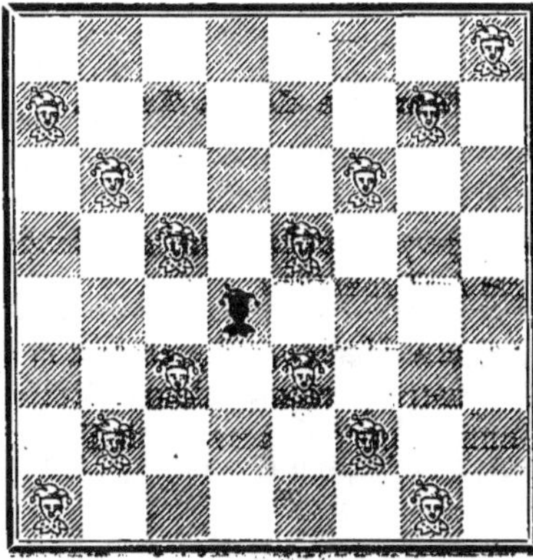

Lorgnement du Fou.

Marche du Cavalier.

Le Cavalier marche d'abord une case comme Tour, ensuite une case comme Fou, en s'éloignant toujours de la case de départ, placé au centre de l'Échiquier, il surveille 8 cases, son maximum de puissance ; c'est ce que nous appelons la *Rosace* du Cavalier.

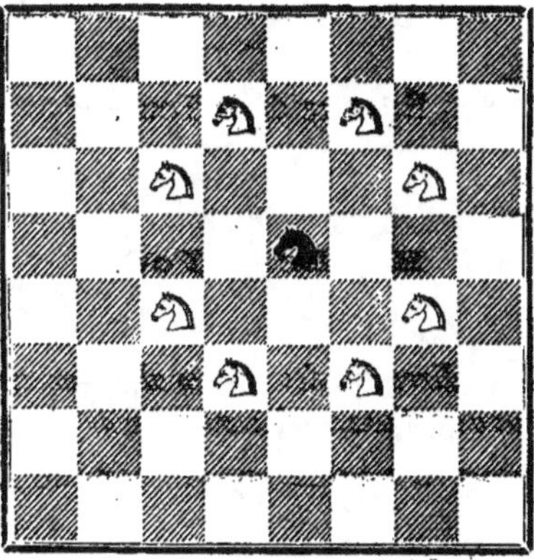

Rosace du Cavalier.

Marche du Pion.

Le Pion marche verticalement, toujours en avant et d'un seul pas. Pour prendre, il va diagonalement à droite ou à gauche. Au point de départ, il fait, ad libitum, *un ou deux pas.*

Nous donnons à cette triple direction le nom de *Trident du Pion.*

Trident du Pion.

Ce que nous venons de dire de la marche des pièces est subordonné aux observations suivantes :

1° Aucune pièce ne peut occuper la place d'une pièce ennemie sans prendre celle-ci ;

2° Toutes les pièces, excepté le Pion, prennent comme elles marchent ;

3° La manière de prendre consiste à enlever une pièce, et à mettre à sa place celle qui prend ;

4° On n'est forcé de prendre que s'il n'y a pas d'autre coup à jouer ;

5° Le Cavalier est la seule pièce qui puisse sauter par dessus les autres ;

6° Quand on pousse un Pion deux pas et qu'il s'en trouve un de l'adversaire à la 4° case voisine, celui-ci a la faculté de prendre le Pion, comme si ce dernier n'eût été joué qu'un pas : c'est ce qu'on appelle *prendre en passant*.

Noirs.

Blancs.

Prise du Pion en passant.

Notation adoptée dans cet ouvrage.

On entend par *notation* l'ensemble des signes conventionnels employés pour écrire une partie, en indiquant à la fois les coups et l'ordre dans lequel ils ont été exécutés. Pour prendre une idée claire de celle que nous avons adoptée, il suffit de jeter les yeux sur le diagramme suivant, en ayant égard aux observations dont nous l'accompagnons.

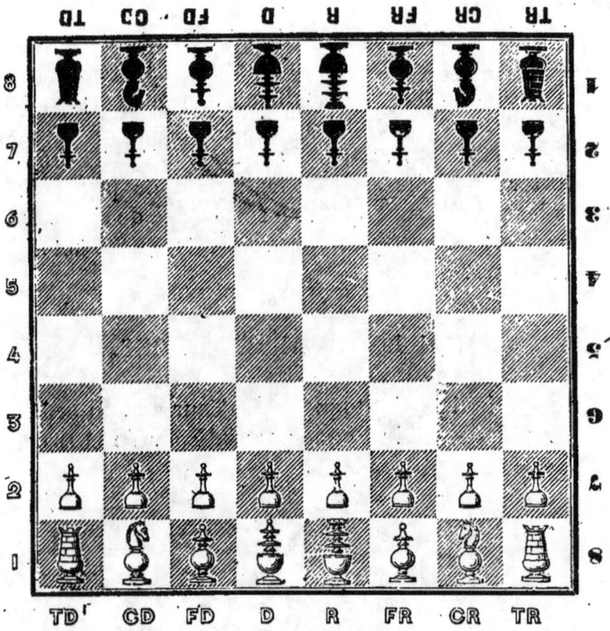

Nous ferons observer que les extrémités de chacune des huit colonnes sont occupées par les pièces correspondantes des deux couleurs, ce qui autorise à donner à chaque colonne du Roi celle qui correspond aux deux Rois, colonne de la Tour celle qui correspond aux deux Tours, et ainsi des autres.

Il est encore à remarquer que les 8 cases de chaque colonne sont numérotées par les 8 premiers chiffres 1, 2, etc., mais comptées en sens inverse pour les deux couleurs.

De là résulte un moyen simple de désigner les 64 cases pour chaque couleur. D'abord, chaque case est désignée par un chiffre suivi d'une lettre ; la lettre est l'initiale de la

2

pièce qui donne son nom à la colonne où la case est contenue, et le chiffre est celui qui correspond horizontalement à cette case. Prenons, pour exemple, la colonne du Roi; la case occupée par cette pièce, est désignée par 1R; la case occupée par le Pion du Roi a pour notation 2R, la suivante 3R, et ainsi de suite. Il est facile de faire le même raisonnement pour toutes les colonnes. Seulement, nous ferons remarquer que la case qui, du côté des Blancs, a pour notation 3R, est représentée par 6R pour les Noirs.

Notre notation a le triple avantage d'être très-répandue, de porter avec elle son explication, et de pouvoir reproduire les parties sans que l'on soit obligé de signer les couleurs ; si elle a quelques inconvénients, quelle notation n'a pas les siens ?

QUELQUES ABRÉVIATIONS.

Roq	indique	le Roque avec la Tour du R ou *petit Roque*.
Roq TD	—	le Roque avec la Tour de la D ou *grand Roque*.
Éch	—	l'Échec au Roi.
Éch déc	—	l'Échec à la découverte.
Mat	—	l'Échec et mat.
Le point (.)	—	joué à.
D. 4R	—	que la Dame joue à la 4e case du Roi.

CHAPITRE II

Vocabulaire de quelques mots techniques.

Roque. Le Roque est une manière exceptionnelle de jouer le Roi en même temps que l'une des deux Tours. Quand le Roi roque avec sa Tour, on met celle-ci à la case du Fou du Roi et le Roi à la case de son Cavalier : c'est ce qu'on appelle le petit Roque. Exemple :

Position avant le petit Roque.

Position après le petit Roque.

Dans l'opératiou du Roque avec la Tour de la Dame, qui s'appelle le *grand Roque,* le Roi se place à la case du Fou de la Dame, et la Tour à celle de la Dame. Exemple :

Position avant le grand Roque.

Position après le grand Roque.

Nous conseillons, pour plus d'élégance et de commodité, de commencer ce mouvement par le jeu de la Tour.

On ne peut plus roquer quand le Roi ou la Tour a joué, ou bien lorsqu'en jouant, le Roi passerait sous l'échec d'une pièce ennemie. On ne peut pas non plus roquer au moment où l'on reçoit un échec.

Échec. Le Roi est en échec quand il est attaqué par une pièce quelconque; alors, on est forcé de prévenir l'adversaire en disant : Échec.

Manière dont toutes les pièces donnent l'échec au Roi.

Remarquez que dans cette position chaque pièce donne échec et mat.

Quelques joueurs ont l'habitude de dire : *échec à la Dame* ; c'est un abus que l'on ne rencontre jamais parmi les joueurs instruits ; aucune règle n'en parle.

L'*échec et mat,* ou simplement le *mat,* a lieu quand le Roi est attaqué, et qu'il ne peut jouer sans se mettre de nouveau en prise, ni prendre la pièce qui l'attaque, ni parer l'échec par l'interposition d'une pièce entre lui et la pièce attaquante. Le mat fait gagner celui qui le donne ; exemple :

Noirs.

Blancs.

Les Blancs jouent T . 1D échec et mat, l'on peut remplacer les deux Cavaliers par deux Fous, le mat se fait de même.

Échec perpétuel. Il a lieu lorsqu'on peut attaquer le Roi adverse par des échecs continuels ; exemple :

Noirs.

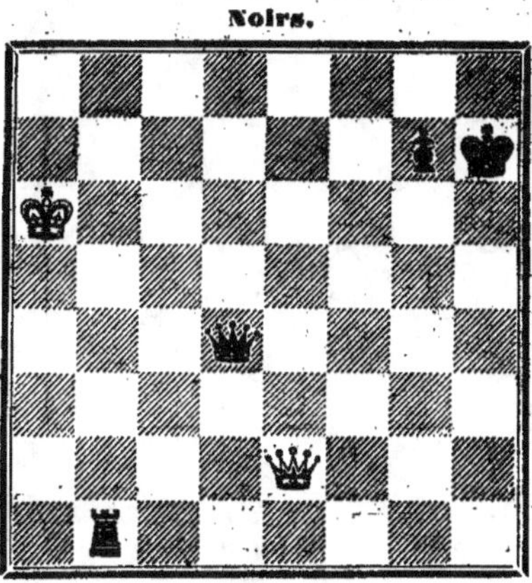

Blancs.

Blancs.	Noirs.
1 D . 5TR éch	1 R . 1C, forcé.
2 D . 8R éch	2 R . 2T, forcé.

Echec à la découverte. Il a lieu quand le Roi entre sous l'attaque d'une pièce masquée par une autre qui se retire ; exemple :

Les Blancs jouent R . 7R, échec à la découverte et mat.

Double échec. Il se donne lorsque deux pièces font échec à la fois, ce qui ne peut s'effectuer que par l'échec à la découverte ; exemple :

Les Blancs jouent C . 6D, double échec et mat.

Mat étouffé. Il a lieu quand le Roi reçoit échec sans pouvoir remuer, étant enfermé entre ses propres pièces; exemple:

Noirs.

Blancs.

Blancs,		Noirs.
1 D pr P 7TR éch		1 D pr D
2 C . 7FR, mat étouffé.		

Ce genre de mat ne peut se faire qu'avec le Cavalier.

Pat. Le pat a lieu quand il n'y a plus d'autre pièce à jouer que le Roi, et que celui-ci ne peut remuer sans se mettre en échec : ce qui n'est jamais permis. Le pat fait partie nulle; exemple :

Noirs.

Blancs.

Les Blancs jouent T . 3R éch, la Dame est forcée de prendre la T, et la partie est remise ou nulle par le pat.

La partie est *nulle* ou *remise* :

1° Par l'échec perpétuel ;

2° Par le pat ;

3° Par la répétition illimitée du même coup des deux côtés ;

4° Par l'absence de forces suffisantes pour mater.

Le Pion du Roi et celui de la Dame s'appellent *Pions du centre ;* le Pion du Roi et celui de son Fou, le Pion de la Dame et celui de son Fou se nomment *Pions du centre secondaire ;* les autres portent le nom de *Pions des ailes.*

On appelle *Pion doublé* celui qui, en prenant, se place en avant ou en arrière d'un Pion de même couleur sur une colonne contiguë, et *Pion passé* celui qui ne peut être arrêté par d'autres Pions.

On dit qu'une pièce est *clouée* quand, attaquée par une autre, elle ne peut se retirer sans mettre le Roi en échec ou sans laisser en prise une pièce considérable.

Gagner l'échange, c'est prendre une Tour pour un Cavalier ou pour un Fou ; *liquider*, c'est échanger les pièces.

J'adoube veut dire : j'arrange, je rétablis. C'est un mot usité pour avertir que l'on va toucher une pièce, non pour la jouer, mais pour la remettre en place ; d'où il suit qu'il faut prononcer ce mot *avant de toucher la pièce.*

CHAPITRE III

Valeur comparative des Pièces et des Pions.

Il est important, surtout pour la liquidation ou l'échange des pièces, de connaître leur valeur relative. Évidemment, il ne s'agit ici que de leur valeur intrinsèque, indépendante de leur position aux différentes phases de la partie. Nous ne la donnons qu'avec beaucoup d'hésitation, convaincus que cette appréciation n'est qu'approximative.

Prenant pour *unité* le Pion, nous avons adopté les égalités suivantes :

$$P = 1 \quad F = 3 \quad C = 3 \quad T = 5 \quad D = 10$$

Au début, les deux Tours étant inférieures à la Reine et plus fortes vers la fin, nous égalisons la valeur de la D à celle des deux Tours.

On peut s'étonner de voir égaliser deux pièces aussi hétérogènes que le C et le F : à cela nous répondrons, avec les plus grandes autorités, que chacune de ces pièces a tour à tour l'avantage, suivant les positions et les diverses phases de la partie, conséquence naturelle de leur nature si différente.

CHAPITRE IV

Petites Parties progressives.

Nous venons de vous indiquer, chers lecteurs, la manière de placer les pièces sur l'Échiquier ; vous en connaissez maintenant le nom, la forme et la marche.

La science de cette marche a pour but la défaite de l'adversaire, la prise et la mort de son Roi expirant au cri redoutable *échec et mat,* en d'autres termes, le gant de la partie.

La méthode est le premier élément de la démonstration. Nous devons donc nous attacher d'abord à bien faire comprendre les principaux éléments qui constituent une partie d'Échecs.

En conséquence, les parties que nous donnons ici ne sauraient être considérées comme des modèles, mais seulement comme des exercices propres à faciliter la lecture et l'interprétation des traités d'Échecs et les mouvements des pièces.

Nous commençons donc par les parties les plus simples, *les mats de surprise.*

Première Partie

BIBLIOTHÈQUE IMPÉRIALE

Blancs.	
1 P . 4CR	1 P . 4R
2 P . 3FR, mauvais coup.	2 D . 5TR éch et mat.

Deuxième Partie.

Blancs.	Noirs.
1 P . 4R	1 P . 4R
2 D . 5TR	

Les Noirs, ayant poussé à leur 2ᵉ coup P . 3FR, ce qu'ils ne peuvent faire sans mettre leur R en échec, sont forcés de jouer leur R suivant la règle des Échecs qui dit : « Pièce touchée, pièce jouée.

	2 R . 2R

3   D pr PR, échec et mat.

Troisième Partie.

Blancs.	Noire.
1 P . 3R	1 P . 4FR
2 F . 2R	2 P . 4CR ; ce coup est

fatal ; 2 — P . 4R est meilleur comme dégagement.

3   F , 5TR, échec et mat.

Quatrième Partie.

Mat du Berger.

Blancs.	Noirs.
1 P . 4R	1 P . 4R
2 F . 4FD	2 F . 4FD
3 D . 3FR	3 P . 3D ; ce coup perd

la partie. En jouant 3—C . 3FR, on parait l'attaque et on préparait le Roque, ce que les commençants doivent rechercher au début de la partie.

4   D pr PFR, échec et mat.

Cinquième Partie.

Blancs.	Noirs.
1 P . 4R	1 P . 4R
2 F . 4FD	2 F . 4FD

| 3 D . 5TR | 3 C . 3FR. La pensée |

de chasser la Dame leur fait oublier le danger imminent sous lequel ils se trouvent. Le coup juste est 3—D . 2R, gardant le PR attaqué et parant le mat.

4 D pr PFR, échec et mat.

Sixième Partie.

Blancs.	Noirs.
1 P . 4R	1 P . 4R
2 C . 3FD	2 P . 3CR
3 C . 5D	3 C . 2R , fatal. Les

Noirs, jouant ainsi, pensent forcer l'échange des pièces et ensuite pousser 4—P . 4FR. Ici, on doit jouer 3—P . 3FD.

Cet exemple sert à démontrer aux amateurs, recevant un grand avantage, de ne rechercher les échanges qu'après en avoir mûrement pesé les conséquences.

Septième Partie.

Blancs.	Noirs.
1 P . 4R	1 P . 4R
2 F . 4FD	2 C . 3FD
3 C . 3FR	3 CR . 2R
4 C . 5CR	4 P . 3FR. Il est bon

de chasser les pièces qui s'avancent trop hâtivement à l'attaque, mais il faut toujours en calculer la portée. Ce coup, comme on le voit, perd la partie, il fallait jouer 4—P . 4D.

5 F . 7FR, échec et mat.

Huitième Partie.

Blancs.	Noirs.
1 P . 4R	1 P . 3CR
2 C . 3FD	2 C . 3FR
3 C . 5D	3 C pr P
4 D . 2R	4 C . 3D. Le meilleur

ici est 4—P . 4FR.

Toutes les fois qu'une pièce placée devant le Roi, ne peut être joué sans découvrir le R à un échec, elle est dite *clouée*. Cet exemple l'a démontré.

5 C . 6FR échec et mat.

Neuvième Partie.

Blancs.		Noirs.	
1	P . 4R	1	P . 4R
2	F . 4FD	2	D . 4CR
3	D . 3FR	3	C . 3FD ; ce Cavalier

est joué dans le but de le porter ensuite à 5D, attaquant la Dame et menaçant de prendre le PFD par échec, gagnant la T.

Cet exemple sert à démontrer la nécessité de veiller à sa défense avant que de commencer une attaque. Il faut jouer en place 3 — D . 3CR.

| 4 | D pr PF éch | 4 | R . 1D |
| 5 | D pr F échec et mat. | | |

Dixième Partie.

Blancs.		Noirs.	
1	P . 4R	1	P . 4R
2	F . 4FD	2	F . 4FD
3	D . 3FR	3	C . 3TR
4	P . 4D	4	F pr P
5	F pr C	5	P pr F
6	D pr PFR, échec et mat.		

Au commencement d'une partie, lorsque le PR a été joué à 4R de part et d'autres, l'attaque se porte tout d'abord sur le PFR, point le plus faible de l'Échiquier. Donc, toutes les fois que le FR l'attaque, et que la Dame se porte : 1° à 3FR, 2° à 5TR ; dans le premier cas, on répond par C . 3FR, comme il est dit à la quatrième partie, et dans le deuxième cas, par D . 2R, ainsi qu'il est expliqué dans la cinquième partie.

Dans la partie ci-dessus, pour éviter le mat immédiat, au 5ᵉ coup des Noirs, il faut roquer et abandonner le Cavalier.

Onzième Partie.

Blancs.		Noirs.	
1	P . 4R	1	P . 4FD
2	C . 3FD	2	P . 3CD
3	C . 5CD	3	F . 2CD

4 D . 5TR	4 P . 3CR
5 D . 5R	5 P . 3FR; voir la note

de la huitième partie. Le meilleur dans cette position est
5 P . 3D, quoique perdant la Tour.

6   C . -6D, échec et mat,

Douzième Partie.

Blancs.	Noirs.
1 P . 4R	1 P . 4D
2 P . 3CD	2 P . 4FR
3 P pr P	3 P . 3TD
4 F . 3TD	4 P . 4CD. Le coup

juste est 4—C . 3FR, toutes les fois que le PFR a été pris
comme ici, et que le FR n'a pas encore été joué afin d'éviter les fatales conséquences de la D à 5TR ; la fin de cette
partie le prouve.

5 D . 5TR éch	5 P . 3CR
6 P pr P	6 P . 3TR
7 P . 7CR, échec à la découverte et mat.	

Treizième Partie.

Exemple démontrant la marche du Cavalier.

Blancs.	Noirs.
1 P . 4R	1 P . 4FD
2 C . 3FR	2 P . 3CR
3 C . 3FD	3 C . 3TR
4 C . 5R	4 F . 2CR
5 C . 4FD	5 T . 1FR
6 C . 5D	6 P . 3R
7 C . 6D échec et mat.	

Quatorzième Partie.

Blancs.	Noirs.
1 P . 4R	1 P . 4R
2 F . 4FD	2 P . 3D
3 C . 3FR	3 P . 2CR
4 C . 3FD	4 F . 5CR

5	C pr PR		5 F pr D ; le coup juste

est 5—P pr C perdant seulement un Pion.

6	F prP éch		6 R . 2R
7	C . 5D, échec et mat.		

Cette partie démontre qu'il ne faut accepter le gain d'une pièce qu'après en avoir bien examiné les conséquences.

Nous ferons remarquer, en passant, que quelques amateurs prétendent qu'on ne peut pas attaquer la Dame, ou la laisser sous une attaque, sans prévenir par les mots : *Échec à la Dame :* c'est une erreur.

Quinzième Partie.

Blancs.	Noirs.
1 P . 4R	1 P . 3CD
2 P . 4D	2 F . 2CD
3 F . 3D	3 P . 4FR
4 P pr P	4 F pr P (voir la note

de la douzième partie.

Blancs.	Noirs.
5 D . 5TR	5 P . 3CR
6 P pr P	6 C . 5FR
7 P pr P éch	7 C pr D
8 F . 6CR, échec et mat.	

Seizième Partie.

Blancs.	Noirs.
1 P . 4R	1 P . 4R
2 P . 4D	2 P pr P
3 F . 4FD	3 C . 3FR
4 F . 5CR	4 C . 3FD
5 C . 3FR	5 C . 4TD
6 C . 5R	6 P . 3D
7 D . 5TR	7 C pr D, second exem-

ple, qui prouve qu'il ne faut pas accepter à la légère les offrandes de l'adversaire (voir la quatorzième partie).

Dix-septième Partie.

Blancs.	Noirs.
1 P . 4R	1 P . 4R

	Blancs			Noirs
2	C . 3FR		2	C . 3FD
3	F . 4FD		3	F . 4FD
4	P . 3FD		4	C . 3FR
5	P . 4D		5	F . 3CD ; jusqu'ici le

début a été parfaitement joué ; au lieu de ce dernier coup, il faut 5—P pr P.

6	P pr P		6	CR pr PR
7	D . 5D		7	C pr PF
8	D pr PFR éch et mat.			

Dix-huitième Partie.

Blancs.			Noirs.
1	P . 4R	1	P . 4R
2	C . 3FR	2	D . 3FR. Il est sou-

vent dangereux, dès le début, de mettre la Dame en jeu ; elle s'expose ainsi à l'attaque des petites pièces et souvent elle occasionne la perte de la partie, comme nous le démontrerons plus tard.

3	F . 4FD	3	D . 3CR ; dans le but

d'attaquer le PR et le PCR.

4	Roquent.	4	D pr PR
5	F pr P éch	5	R . 1D ; le Roi ne

saurait prendre le F, car 6 C . 5CR donnerait échec et gagnerait la Dame.

6	C pr PR	6	D pr C, troisième

exemple qui prouve qu'il ne faut accepter le gain d'une pièce qu'après en avoir calculé les conséquences (voir la quatorzième et la seizième parties).

7	T . 1R	7	D . 3FR
8	T . 8R, échec et mat.		

Dix-neuvième Partie.

Blancs.			Noirs.
1	P . 4R	1	P . 4R
2	P . 4FR	2	P pr P

3 C . 3FR ; coup juste, comme nous l'indiquons dans les douzième et quinzième parties.

		3	P . 4CR
4	F . 4FD	4	P . 3FR; mieux se-

rait 4—F . 2CR.

5	C pr P	5	P pr C
6	D . 5TR éch	6	R . 2R
7	D pr PCR éch (**A**)	7	R . 1R (**B**)
8	D . 5TR éch	8	R . 2R
9	D . 5R, échec et mat.		

(A)

7	D . 7FR éch	4	R . 3D
8	D . 5D éch	8	R . 2R
9	D . 5R, échec et mat.		

(B)

		7	R . 3E
8	D . 5D éch	8	R . 2R
9	D . 5R, échec et mat.		

Nous ferons remarquer que la position du mat est analogue à celui de la première partie, sauf que le FR garde la 7ᵉ case du FR au lieu du P qui s'y trouve.

Vingtième Partie.

Blancs.		Noirs.	
1	P . 4R	1	P . 4R
2	F . 4FD	2	F . 4FD
3	C . 3FR	3	C . 3FD
4	P . 3D	4	CR . 2R. Il faut obser-

ver que chaque fois que le CR blanc peut être joué à 5CR, attaquant le PF aidé du FR, les Noirs doivent jouer leur CR à 3FR, afin d'éviter une attaque comme le 6ᵉ coup des Blancs de la présente partie.

5	C . 5CR	5	Roquent.
6	D . 5TR	6	P . 3TR, forcé ; pour

éviter le mat par D pr PTR.

    7 C pr PF, attaquant la Dame.

                        7 D . 4D ; ici il fallait prendre le C avec la T.

    8 C pr PTR, double échec à la découverte, c'est-à-dire échec par le F, qui est à 4FD, et par le C. Ces sortes d'échecs ne peuvent se parer que par le changement de position du Roi attaqué.

8 R . 1T

9   C . 7FR, double échec de la Dame et du Cavalier.

9   R . 1C

10   D . 8TR, échec et mat.

Vingt-unième Partie.

Blancs.		Noirs.
1 P . 4R		1 P . 4R
2 P . 4FR		2 P . 4D
3 PR pr PD		3 D pr P
4 C . 3FD		4 D . 3R
5 C . 3FR		5 P pr P, éch découv.
6 R . 2F		6 F . 4FD éch. Il faut

éviter de donner des échecs qui développent le jeu de l'adversaire, comme dans le cas présent; il est meilleur de jouer 6 F . 2R.

Blancs.		Noirs.
7 P . 4D		7 F . 3CD
8 F . 5CD éch		8 R . 1D
9 T . 1R		9 D . 3FR
10 T . 8R, échec et mat.		

Vingt-Deuxième Partie.

Blancs.		Noirs.
1 P . 4R		1 P . 4R
2 P . 4D		2 P . 4FD
3 P pr PF		3 F pr P
4 C . 3FR		4 C . 3FR
5 F . 4FD		5 Roquent.
6 C pr P		6 C pr P
7 D . 5D		7 C pr P
8 C pr P		8 D . 5TR,

9   C . 6TR, double échec découverte de la D et du C.

9   R . 1T

Blancs.		Noirs.
10 D . 8CR éch		10 T pr D

11   C . 7FR, échec et mat.

Ce mat s'appelle *mat étouffé,* il ne peut se faire que par le Cavalier, comme nous l'avons dit page 14.

Vingt-troisième Partie (Calabrois).

Blancs.	Noirs.
1 P . 4R	1 P . 4R
2 C . 3FR	2 P . 3D
3 F . 4FD	3 F . 5CR. très-mau-

vais, comme le démontre la *Stratégie raisonnée,*

4 P . 3TR	4 F pr C
5 D pr F. menaçant du mat à 7FR.	

5 D . 3FR. Gênant la meilleure sortie du CR; il fallait D . 2D.

6 D . 3CD — 6 P . 3CD. Forcé pour ne pas perdre au moins ce Pion.

7 C . 3FD — 7 C . 2R. Mieux était de ramener la Dame à sa case.

8 C . 5CD — 8 C . 3TD. R . 1D eut été préférable.

9 D . 4TD — 9 C . 4FD. Fatal.

10 C pr PD, double échec par D et C.

10 R . 1D. Lorsqu'on voit les préparatifs d'un échec double, il vaut mieux sacrifier une pièce que de s'y soumettre.

11 D . 8R, échec et mat.

Vingt-quatrième Partie.

Blancs.	Noirs.
1 P . 4R	1 P . 4R
2 F . 4FD	2 F . 4FD
3 C . 3FR	3 C . 3FR
4 C . 5CR	4 Roquent
5 P . 3D	5 P . 3TR

Lorsque le CR est à 5CR, et que les Noirs ont roqué, il ne faut chasser le Cavalier qu'après le Roque de l'adversaire, et seulement s'il le fait du même côté.

6 P . 4TR. Sacrifice solide et brillant si on l'accepte.

6 P pr C. Il fallait jouer P . 4D.

7 P pr P — 7 C . 1R. Encore ici P . 4D était le coup juste.

Blancs	Noirs
8 D . 5TR	8 F pr P éch
9 R pr F	9 D . 3FR éch. Pour

prolonger la partie.

10 P pr D	10 C pr P
11 D . 8TR, échec et mat.	

Vingt-cinquième Partie.

Blancs.	Noirs.
1 P . 4R	1 P . 3R
2 P . 4D	2 C . 3FR. 2 — P . 4D

est beaucoup mieux.

3 F . 3D	3 C . 3FD
4 C . 3FR	4 F . 2R
5 P . 4TR	5 Roquent. Mauvais, le

5e coup des Blancs devait faire comprendre le danger de roquer. Le lorgnement du F sur 7TR est généralement dangereux, la suite le prouve.

6 P . 5R	6 C . 4D. Nous recom-

mandons d'étudier soigneusement cette position, car elle se présente assez souvent ou du moins des positions analogues.

7 F pr P éch	7 R pr F
8 C . 5CR éch	8 F pr C
9 P pr F, échec découverte.	
	9 R . 3C. Meilleur; car

si R . 1C. 10 D . 5T, mat le coup suivant.

10 D . 5T éch	10 R . 4F
11 D . 3TR éch	11 R . 5R ou 3CR
12 D . 3D ou 7TR, échec et mat·	

Vingt-sixième Partie (Calabrois).

Blancs.	Noirs.
1 P . 4R	1 P . 4R
2 P . 4FR	2 P pr P
3 C . 3FR	3 P . 4QR
4 F . 4FD	4 P . 5CR
5 C . 5R	5 D . 5TR éch
6 R . 1F	6 C . 3FR. 6 C . 3TR

est ici le coup juste.

7 F pr P éch	7 R . 1D
8 P . 4D	8 C pr PR

Blancs		Noirs
9	D . 2R	9	C . 6CR éch
10	P pr C	10	D pr T éch
11	R . 2F	11	P pr P éch
12	R pr P	12	D pr F. Prise fatal ; il

fallait F . 3D, clouant le C.

| 13 | C . 6FD éch | 13 | C pr C |
| 14 | D . 8R ; échec et mat. | | |

Vingt-septième Partie (Calabrois).

Blancs.		Noirs.
1	P . 4R	1	P . 4R
2	C . 3FR	2	C . 3FD
3	F . 4FD	3	F . 4FD
4	P . 3FD	4	D . 2R, 4 C . 3FR

est meilleur.

5	Roquent.	5	P . 3D
6	P . 4D	6	F . 3CD
7	F . 5CR	7	P . 3FR. Mieux serait

7 C . 3FR.

| 8 | F . 4TR | 8 | P . 4CR. Il est rare |

qu'il soit bon d'avancer ce Pion sur le F. Dans la présente
position c'est un mauvais coup, comme on va voir.

9	C pr P	9	P pr C
10	D . 5TR éch	10	R . 2D
11	F pr P	11	D . 2CR
12	F . 6R éch	12	R pr F
13	D . 8R éch	13	D . 2R
14	P . 5D ; échec et mat.		

Vingt-huitième Partie.

Blancs.		Noirs.
1	P . 4R	1	P . 4FD
2	P . 4D	2	P pr P
3	D pr P	3	C . 3FD
4	D . 1D	4	P . 4R
5	F . 4FD	5	C . 3FR
6	C . 3FR	6	D . 4TD éch. Déga-

geant inutilement une pièce ennemie.

7	F . 2D	7	D . 3CD
8	F . 3FD	8	F . 4FD
9	Roquent	9	Roquent

10 C pr P | 10 C pr P
11 D . 3FR. Finement joué.

                             11 C pr F. Perdant la
partie, il fallait C . 3FR, et encore la position était mauvaise,
12 F pr P éch | 12 R . 1T. Si 12 T pr F,
la D prend par échec et fait mat en deux coups.
13 C . 6CR éch | 13 P pr C
14 D . 3TR, échec et mat.

Vingt-neuvième Partie.

	Blancs.		Noirs.
1	P . 4R	1	P . 4R
2	P . 4FR	2	P pr P
3	F . 4FD	3	C . 3FR
4	C . 3FD	4	P . 3D. 4 F . 5CD

est mieux.

| 5 | P . 4D | 5 | P . 4CR. 5 F . 2R |

serait meilleur.

6	P . 4TR	6	P pr P
7	F pr P	7	F . 5CR
8	C . 3FR	8	F . 2R
9	D . 2D	9	P . 6TR. Perte de

temps; 9 P . 3TR évitait ce qui suit.

10	C . 5CR	10	P . 4D
11	C pr PD	11	F . 4TR
12	C pr PFD éch	12	R . 1F. 12 R . 2D

quoique faible eut été mieux.

13	C pr PFR. Très-bien.	13	F pr C
14	F . 6TR éch	14	R . 1C
15	D . 5CR, échec et mat.		

Trentième Partie.

	Blancs.		Noirs.
1	P . 4R	1	P . 4R
2	C . 3FD	2	F . 4FD
3	P . 4FR	3	F pr C. Mieux était

3 P . 3D.

| 4 | T pr F | 4 | P pr P |
| 5 | P . 4D | 5 | D . 5TR éch. N'ayant |

que le but de gagner un Pion c'est trop éloigner la Dame de
son centre.

6	P . 3ER	6	P pr P
7	T pr P	7	D pr PT. Observez les

conséquences de cette Dame qui est loin de son domaine.

8	D . 3FR	8	P . 3CR
9	F . 4FD	9	P . 3FR
10	C . 5D	10	R . 1D
11	F . 5CR. Très-joli, ne peut prendre sans être mat.		
		11	P . 3FD
12	F pr P éch	12	R . 1R
13	C . 7FD éch	13	R . 1F
14	D . 3TD éch	14	P . 4FD
15	D pr P éch	15	P . 3D
16	D pr P éch	16	C . 2R
17	D pr C, échec et mat.		

CHAPITRE V

Des Piéges.

La science des Échecs, comme la science de la guerre,
doñt elle est la fidèle image, consiste surtout dans l'étude
des piéges que l'adversaire habile tend à chaque instant sous
vos pas. Ils sont d'autant plus redoutables qu'ils dissimulent
le danger sous une apparence de succès, et malheur à celui
qui se laisse entraîner aux illusions de ce fatal triomphe.

Bien que ia variété de ces piéges soit pour ainsi dire in-
finie et plus particulièrement proportionnée à l'habileté du
joueur, il est nécessaire cependant d'être initié aux combinaisons les plus ordinairement employées, de manière à ne
pas tomber en aveugle au milieu du fossé.

Cette étude, du reste, a d'immenses attraits ; elle jette la
lumière sur les plans de l'ennemi, en découvre les dangers.
Elle développe les sphères de l'imagination, mûrit l'expé-
rience, assure le calcul et facilite ainsi les moyens, non-seu-
lement d'éviter la faute, mais encore de créer à son tour
des positions qui compromettent étrangement la partie de
l'adversaire.

C'est l'étude des piéges qui familiárise l'amateur à l'Échiquier, qui lui permet d'analyser les variantes à l'avance et de transformer ainsi en certitudes des résultats qui ne sont pour la plupart encore que des probabilités.

C'est enfin la partie la plus essentielle de l'étude du jeu des Échecs.

Première Étude.

Piége, gagnant par un coup de Fou.

1 T pr PR. Piége. | 1 D pr T. Partie perdue par ce coup (**A**).

2 F . 3FD. La Dame est clouée (voir page 15).

2 D pr F éch

3 R pr D. Gagnant, le Pion arrivant à 8TD deviendra Dame.

(**A**)

1 D pr P éch. Partie nulle (voyez page 15).

Deuxième Étude.

Noirs.

Blancs.

Piége, gagnant par un coup de Cavalier.

1   F pr PD. Piége. | 1   P pr F (A). Perdu
par ce coup.
2   C pr P éch et attaque la Tour.
                           2   R . 3F
3   C pr T. et gagnent par le Pion.

(A)

                           1   R . 3F. Attaquant les
deux pièces.
2   F pr P. Le Fou généralement annulle plus facilement contre la Tour.
                           2   R pr C. Nulle (voir
page 15).

Troisième Étude.

Piége, gagnant par une T.

Remarquez que la Dame attaque les deux Tours et garde les cases 8TD et 2TD.

1 T . 8TD éch, piége. Cette manière de tendre le piége est mieux que par T . 2TD éch, parce que dans le cas de la non réussite, la T . 8TD viendra se placer à 2TD, soutenant celle restée attaquée, laissant le champ libre au P . 4CR et arrêtant celui des Noirs.

1 D pr T. Perdu (A).

2 T . 2TD éch, gagnant la Dame et la partie.

(A)

1 R . 3C. Tendant à

son tour un piége.

2 T de 8TD à 2TD. Si vous aviez donné échec à 8CD, il attaquait la T par R . 2F et gagnait l'une ou l'autre. Partie nulle.

Quatrième Étude.

Par M. Dermenon.

Noirs.

Blancs.

Piége, gagnant par la Dame.

On voit que les Blancs ont une position complètement perdue.

1 T pr PC, piége.	1 D pr T, perdu (**A**).
2 D pr PF éch	2 R . 4FR, forcé.
3 D . 2FD éch	3 R pr P
4 D pr D et gagnent.	

(**A**)

1	1 D pr D éch
2 R pr D	2 T . 2TR et gagnent.

Cinquième Étude.

Par M. DERMENON.

Blancs.

Piége, gagnant par un coup de Roi.

Piége, gagnant par le Pion.

	Blancs	Noirs
1	F pr P, piége	... ; Tour E perdu (A)
2	P . 4D éch	2 R . 4D
3	P pr T	3 R pr P
4	R . 4FR; gagnant le P et la partie.	

(A)

1		1 T . 6CD éch.

Partie nulle.

Sixième Étude.

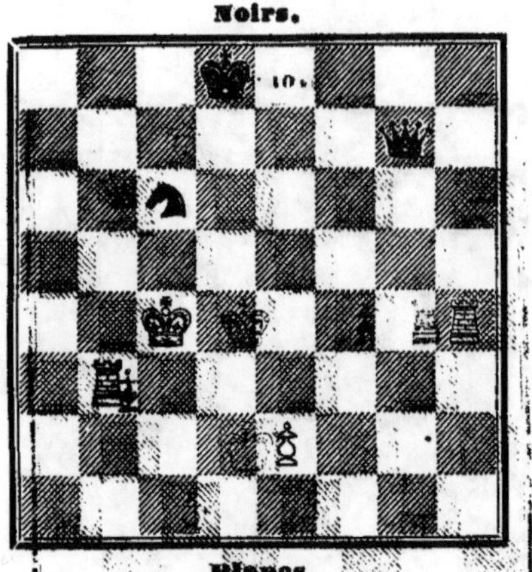

Piége, gagnant par un coup de Roi.

1	R . 5CD, piége.	1 C . 5D éch (**A**)
2	T pr C éch	2 D pr T, perdu.
3	T . 3D, clouant la D.	3 D pr T éch
4	P pr D, gagnant; car le Pion ira à Dame.	

(A)

1

2 R . 5F; car s'ils jouent 2 R . 4TD; 2 D . 3TD, mat, et si 2 R . 4F; 2 C . 4TD éch, gagnant la T et conservant le Cavalier.

2 . D pr T, et doivent

gagner,

Septième Étude.

Gain d'un Cavalier.
Les Blancs jouent et gagnent.

1 D pr C éch | 1 D pr D, forcé.
2 C . 5FR éch, gagnant.

Huitième Étude.

Gain d'une Tour.
Les Blancs jouent et gagnent.

1   D pr T, bien joué.

1   D . 3FR; on ne peut prendre l'audacieuse amazone blanche, car il s'en suivrait : 2 T . 8D éch. 2 T pr T, forcé; 3 T pr T, mat.

2   D pr T éch; on ne peut jouer T . 8D, parce qu'on serait mat par 2 D pr PF.

		2 D pr D
3 T . 8D		3 R . 1C
4 T pr D éch, et gagnent.		

Neuvième Étude.

Gain de la Dame.

1   F . 1FR

1   D pr T; elle n'a rien de mieux. Ce genre de gain d'une pièce supérieure par l'échec à la découverte est très-insidieux.

2   F . 5CD éch

2   R joue.

3   T pr D, et gagnent.

Dixième Étude.

Par M. DERMENON.

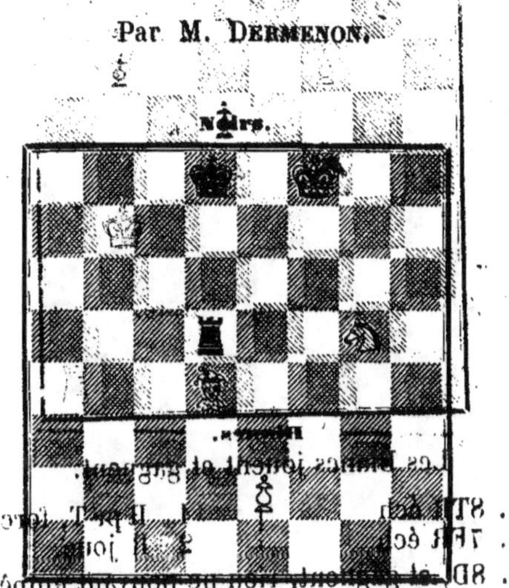

Deux pièces en prise par une T.

Les Blancs jouent et gagnent.

Par M. DERMENON.

Noirs.

1   P . 4R   4   T pr F (1) (A)
2   C . 6R , gagnant la T et la partie.

(1)

Si 1   T pr C
2   F . 6FR éch, gagnant la T et la partie.

(A)

Il fallait donc pour prolonger 1 T . 2D ou 4CD, seules cases, car à 4TD le F la gagnerait par éch à 6CD.

Onzième Étude.
Par M. DERMENON.

Noirs.

Blancs.

Les Blancs jouent et gagnent.

1 T . 8TR éch   1 R pr T, forcé.
2 C . 7FR éch   2 R joue.
3 C . 8D, et gagnent, rien ne pouvant empêcher le P
de faire Dame. Pénétrez-vous bien de cette position et des
deux qui suivent vous aurez souvent l'occasion de les utiliser.

Douzième Étude.
Par M. DERMENON.

Noirs.

Blancs.

Les Blancs jouent et gagnent.

1 T . 8FR éch	1 T pr T
2 F . 8D, et gagnent, le Pion faisant Dame.	

Vous remarquerez que si les Noirs avaient le trait les Blancs seraient mat en deux coups par 1 C . 6CD, double échec, puis T . 8TD, mat.

Treizième Étude.

Noirs.

Blancs.

Les Blancs jouent et gagnent.

1 P . 7FD	1 T . 1FD
2 T . 1D	2 P . 3TR; ici encore

une observation : le PTR peut-être joué par le commençant au bout de quelques coups dans les débuts, afin d'éviter le genre de fins de partie tel que la huitième étude et la présente.

3 T . 8D éch	3 T pr T
4 P pr T, fait D éch, et gagnent.	

Quatorzième Étude.

Par M. DERMENON.

Les Blancs jouent et font partie nulle.

Lorsqu'un joueur se trouve dans une position désespé-
rée, il doit chercher à faire partie nulle, soit en se faisant
faire pat, soit en faisant un échec perpétuel.

1	C . 6TR, double éch.	1	R . 1T
2	F . 2CD éch	2	T pr F, forcé.
3	C . 7FR éch	3	T pr C
4	T . 8CR éch	4	R pr T, forcé.

Pat.

Quinzième Étude.

Par M. Dermenon.

Les Blancs jouent et font partie nulle.

1 T pr P éch	1 R . 1C
	Si 1 P pr T
2 C pr C	2 D . 2TR 6ch
3 T pr D, et ils font mat le coup suivant.	
2 C pr C éch	2 P pr C, forcé ou mat
par T . 8TD.	
3 T , 6CD 6ch	3 R . 1T, forcé encore,
sinon 4 T . 7FD éch et l'autre T donne mat à 8CD.	
4 T . 6T. éch perpétuel.	

Partie nulle.

Seizième Étude.

Par M. DERMENON.

Les Blancs jouent et gagnent.

1 T pr PC éch	1 R . 1T
	Si 1 R pr T
2 C . 5FR, double éch.	2 R . 1C
3 C . 6TR, éch et mat.	
2 C , 6R	2 P . 3FR ; seul coup
pour prolonger.	
	Si 2 P . 4FR
3 T . 1CR, éch déc.	3 T . 2CR
4 F pr T éch	4 R . 1C
5 F pr T, éch déc.	5 R . 2F ; perdu,
3 T pr T, gagnant facilement.	

Dix-septième Étude.

Par M. Dermenon.

Les Blancs jouent et gagnent.

1	F . 5CD éch	1	R . 1D
2	Roquent TD éch	2	R : 1F
3	F . 7D éch	3	R . 1D
4	F pr P éch déc	4	R . 1R
5	F . 7D éch	5	R . 1D
6	F pr T éch déc	6	R . 1R

7 F pr D et gagnent. Vous remarquerez que si au lieu de Roquer on avait donné échec avec la T, la partie était forcément nulle par échec perpétuel, car la D ne pourrait être prise sans que le P . 7TR n'arrive à Dame par échec. Cet exemple démontre aussi qu'on peut donner échec en roquant.

Dix - huitième Étude.

Par M. DERMENON.

Les Blancs jouent et gagnent.

1 D . 2TD éch	1 D . 4D. Si R . 1T.—

2 C . 7FR éch, gagnant la D. On ne peut aller à 1FR puisqu'ils seraient échec et mat par 2 D . 7FR.

2 T . 1D, fort élégant.	2 P pr C
	Si 2 D pr D
3 T pr T, éch et mat.	

3 T pr D; menaçant d'un terrible double échec.

                                      3 T pr T, meilleur.

4 D pr T éch, et gagnent.

Dix - neuvième Étude,

Par M. DERMENON.

Noirs.

Blancs.

Les Blancs jouent et gagnent:

1 T pr C		1 D . 1D. Si 1 D pr T.

2 C . 7R éch, gagnant la D et la partie.

2 C pr P éch		2 P pr C. Si 2 R . 1T.

3 D . 7TR, mat.

3 D . 6CR éch		3 R . 1T, forcé; car le

Pion ne peut prendre la D, sans mettre le Roi sous l'échec du Fou.

4 D pr PT éch	4 R . 1C
5 T pr P6FR	5 D pr T, meilleur.
6 D pr D	6 TD . 1R, meilleur.
	Si 6 TR . 1D
7 F pr P éch	7 R . 2T
8 D . 6CR éch	8 R . 1T
9 D . 6TR, éch et mat.	
7 D . 6CR éch	7 R . 1T
8 D . 6TR éch	8 R . 1C
9 F . 1CD; menaçant du mat par D . 7TR.	
	9 P . 4FR
10 F . 2TD éch	10 TR . 2FR

11 D . 6CR éch, puis mat en 2 coups par F pr T et D . 6TR ou 8CR selon le coup des Noirs.

Vingtième Étude.

Par M. DERMENON.

Les Blancs jouent et gagnent.

1	D pr F éch		1	R pr D, meilleur. Si
T pr D. 2	C . 7FD, éch et mat.			
2	F . 2TR éch		2	R . 1T
3	C . 7FD éch		3	R . 1C
4	C pr T8R éch déc		4	R . 1T
5	C . 7FD éch		5	R . 1C
6	C pr T éch déc		6	R . 1T
7	C pr D, et gagnent.			

Vingt-unième Étude.

Par M. Dermenon.

Les Blancs jouent et gagnent.

1	D pr P éch	1	C pr D, forcé
2	C . 6CR éch	2	R . 1C
3	C pr T éch	3	R . 2F
4	C pr D, et gagnent, car le P ira à Dame.		

Vingt-deuxième Étude.

Par M. G.-R. Neumann.

Noirs.

Blancs.

Les Blancs jouent et gagnent.

1	T . 8TD éch		1	F . 1D, forcé.
2	T pr F éch		2	R pr T
3	C . 7FR éch ; gagnant la T, et le Pion va à Dame.			

Vingt-troisième Étude.

Noirs.

Blancs.

Les Blancs jouent et gagnent.

| 1 T . 1CR | 1 D . 6TR |
| 2 F pr PF éch | 2 R pr F. Forcé. |

3 C . FCR éch, gagnant la D. Ceci arrive souvent lorsqu'on lance la Dame à l'attaque imprudemment.

Vingt-quatrième Étude.

Noirs.

Blancs.

Les Blancs jouent et gagnent.

1 P . 4CD	1 D . 8CD. Forcé.
2 C pr PD	2 D . 3FD
3 F . 5CD	3 D pr F

4 C pr P éch, et gagnent la Dame.

Vingt-cinquième Étude.

Pàr M. GROSDEMANGE.

Les Blancs jouent et font partie nulle.

1	T . 4FR éch déc.		1	R . 3C
2	T . 4FR éch		2	R . 2T
3	T . 6TR éch		3	R . 1C
4	T . 8TR éch		4	R . 2F
5	T . 8FR éch		5	R . 3C

Échec perpétuel.

Vingt-sixième Étude.

Les Blancs jouent et gagnent.

1	F . 5CD éch		1	F . 3FD
2	T . 1R. Dame clouée.		2	F pr F
			Si	2 D pr T éch

3 D pr D éch ; ayant gagné la D pour la T.

3	P . 5D		D pr T éch
4	D pr D éch, et gagnent.		

Vingt-septième Étude.

Par M. Max Lange.

Les Blancs jouent et gagnent.

1 T . 5CD. Ce coup est fort joli et instructif. Vous
devez remarquer que ce sacrifice de la Tour remplit deux
buts bien distincts. 1° Celui de permettre l'avance immé-
diate du Pion à 7 C ; 2° Celui d'empêcher le Pion adversaire
d'aller à Dame.

		1	R pr T. meilleur.
2	P . 7C	2	R . 5F, meilleur.
		Si	2 P fait D

3 P fait D éch, et gagnent la Dame

3	P fait D	3	R . 6F
4	R . 4R	4	R . 7F
5	D : 2TR éch	5	R . 8F
6	R . 3R	6	R . 8C ; car ils ne

peuvent faire Dame sans être mat par D . 2D,

		et si	6 P fait C
7	R . 3D	7	C . 7D
8	D pr C éch	8	R . 8C

9 R . 3F, et remarquez bien qu'ici l'éch c à 2FR ferait
perdre du temps, car le coup suivant vous êtes forcé d'éloigner
votre Dame, sinon il serait pat ; il en serait de même si la D était
à 3C, le Roi noir étant à 8T.

	9 R . 8T
10 D . 2CD, mat.	
7 R . 2D	7 R . 8T
	S: 7 R . 7T
8 R . 3F	8 R . 6T
9 D pr P, éch; et mat ensuite à 4CD.	
8 D . 8TR ; empêchant le P d'aller à Dame.	
	8 R . 7T
9 D . 8TD éch	9 R . 8C

10 R . 3F. et mat le coup suivant par 11 D . 1TR.
Cette étude présente beaucoup de variantes que l'amateur
doit rechercher et trouver lui-même.

Vingt-huitième Étude.

Les Blancs jouent et gagnent,

1 T . 8TR	1 T pr P. Tout autre

coup les Blancs font une D, ce qui oblige les Noirs à perdre
leur T et la partie ensuite.

3 T . 5TR éch	2 R . 3D, meill.
4 T . 6TR éch	3 R joue,
4 T pr T, et gagnent.	

Vingt-neuvième Étude.

Par M. GROSDEMANGE.

Les Blancs jouent et font partie nulle.

	Blancs		Noirs
1	C . 1CD	1	P . 7R. Seul coup à jouer.
2	C . 2D	2	PR à D fait C éch
		Si 2	L'un des Pions fait D.
	3 C . 3FR, mát.		
3	R . 2T	3	P . 8C fait D, forcé.
4	C pr D	4	C . 7CR

Vous avez ici un exemple de l'impossibilité de gagner un temps par le Cavalier.

Trentième Étude.

Par M. DERMENON.

Les Blancs jouent et gagnent.

1 D pr C	1 P . 3FR
	Si 1 D r D
2 P . 4FD	2 D . 2D
3 T pr PC éch	3 R . 1T
4 T . 8C, double éch	4 R pr T
5 T . 1CR, mat le coup suivant.	
2 D . 7D, et gagnent ayant une pièce de plus.	

Trente-unième Étude.

Par M. MAX LANGE.

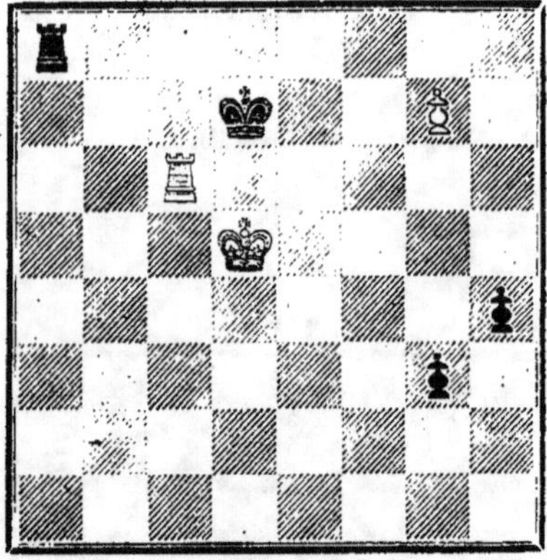

Les Blancs jouent et gagnent.

1 T . 6TD	1 T . 1CR
	Si 1 T pr T
2 P fait D et gagnent.	
2 T . 7TD éch	2 R . 1R
3 R . 6R ; et gagnent.	

Trente-deuxième Étude.

Par M. MAX LANGE.

1 P . 6TR	1 F . 4FR
	Si 1 F . 6FD
2 F pr F	2 C . 5FD. Espérant se
faire prendre pour être pat.	
3 F pr P éch	3 R . 1C
4 F pr C, mat.	

2 F . 5D. Empêchant le C d'être joué sans être pris et il n'y a que lui qui puisse être joué. Si l'on jouait le Fou, le P ou le F serait mat.

2 C . 2CD, meilleur pour tâcher de donner de *l'air* au Roi.

3 F pr C	3 R . 1C
4 F . 5D éch	4 R . 1T
5 F . 2TD	5 F joue.
6 P ou F pr P et mat.	

Trente-troisième Étude.

Par M. DORVAL.

Les Blancs jouent et font partie nulle.

1 P . 4FD éch	1 R pr P
2 C . 3R éch	2 R joue.
3 C . 2FD, éche perpétuel.	

Trente-quatrième Étude.

Par M. DORVAL.

Les Blancs jouent et gagnent.

1	F . 5TR éch	1	D pr F ; meilleur:
2	P . 8R fait D éch.	2	R pr D
3	C . 6FD éch	2	R . 1D
4	C pr D et gagnent.		

CHAPITRE VI

Classification des Débuts.

Pour débuter dans une partie d'Échecs, le premier principe à connaître et à observer est le principe 118 de *la Stratégie raisonnée*, 2ᵉ édition, p. 44. « La science des débuts » consiste à mettre en jeu le plus grand nombre de pièces » dans le plus petit nombre de coups; » à quoi il faut ajouter le principe 111, page 43 ; « Il faut sortir ses pièces » de bonne heure, et de la manière la plus avantageuse » pour le but qu'on se propose. » Apprenez à commencer, disait toujours Labourdonnais à quiconque lui demandait conseil. Aujourd'hui, la théorie donne plus de soixante manières de commencer, comme on le verra dans *la Stratégie*, 2ᵉ édition. On peut en supposer un bien plus grand nombre, puisqu'au premier coup, le trait peut commencer de vingt manières différentes. Mais on conçoit tout d'abord que toute manière de commencer n'est pas la meilleure; nous ne choisirons donc que les plus utiles, en prenant pour guide *la Stratégie raisonnée*.

Dans les limites où nous nous sommes renfermés, il va sans dire que nous ne pouvons donner les variantes qui peuvent se présenter à chaque coup. Pour cet objet, nous renvoyons l'amateur studieux à *la Stratégie raisonnée*, 2ᵉ édition, où toutes les variantes, de quelque valeur, sont données et analysées, et où l'on trouvera tout ce qui est nécessaire pour la création et l'appréciation de chaque début.

Nous ne donnerons que les six premiers coups environ de chaque début, renvoyant à *la Stratégie* pour la suite.

Nous avons cru faire chose utile aux commençants d'abord, et ensuite à un plus grand nombre d'amateurs qu'on ne pense, qui ont besoin de se fixer sur la valeur des premiers coups, tant pour l'attaque que pour la défense.

Nous nous permettrons de demander à ce propos : Y a-t-il beaucoup d'amateurs, capables de constituer les soixante débuts, en les désignant par leur nom? Combien y en a-t-il qui puissent seulement assigner les six premiers coups justes de chaque début, pour l'attaque et pour la défense? Et ceux qui peuvent le faire pertinemment, ne méritent-ils pas déjà un nom parmi les érudits de la science échiquéenne?

Qu'on n'oublie donc pas ce que nous disons dans *la Stratégie* : il s'agit de ce jugement de Staunton sur le jeune et célèbre maître d'Amérique.

« P. Morphy est si bien fondé sur tous les débuts, et si
» prompt à profiter de la moindre erreur commise par son
» adversaire, qu'il obtient souvent un avantage décisif dans
» les *six premiers coups.* »

PARTIE DU FOU,

Premier Début,

Attaque et Défense classiques,

Blancs,	Noirs,
1 P . 4R	1 P . 4R
2 F . 4FD	2 F . 4FD
3 **P . 3FD**	3 **D . 2R**
4 C . 3FR	4 P . 3D
5 Roquent	5 F . 3R
6 D . 3CD	6 F . 3CD

Deuxième Début.

Défense italienne.

Blancs	Noirs.
1 P . 4R	1 P . 4R
2 F . 4FD	2 F . 4FD
3 P . 3FD	3 **D . 4CR**
4 D . 3FR	4 D . 3CR
5 C . 2R	5 C . 3FD
6 P . 3D	6 P . 3D

Troisième Début.

Contre-attaque du Cavalier.

Blancs.		Noirs.
1 P . 4R		1 P . 4R
2 F . 4FD		2 F . 4FD
3 P . 3FD		3 **C . 3FR**
4 P . 4D		4 P pr P
5 P . 5R		5 P . 4D
6 F . 3CD		6 C . 5R

Quatrième Début.

Contregambit Lewis.

Blancs.		Noirs.
1 P . 4R		1 P . 4R
2 F . 4FD		2 F . 4FD
3 P . 3FD		3 **P . 4D**
4 F pr P		4 C . 3FR
5 D . 3FR		5 C pr F
6 P pr C		6 Roquent

Cinquième Début.

Gambit Lopez.

Blancs.		Noirs.
1 P . 4R		1 P . 4R
2 F . 4FD		2 F . 4FD
3 **D . 2R**		3 C . 3FD
4 P . 3FD		4 C . 3FR
5 **P . 4FR**		5 F pr C
6 T pr F		6 Roquent

Sixième Début.

Attaque de la Dame.

Blancs.		Noirs.
1 P . 4R		1 P . 4R
2 F . 4FD		2 F . 4FD
3 D . 5TR		3 D . 2R
4 C . 3FR		4 C . 3FR
5 D pr P		5 F pr P éch
6 R . 2R		6 D pr D

Septième Début.

Double Gambit Mac'Donnell.

Blancs.		Noirs.
1 P . 4R		1 P . 4R
2 F . 4FD		2 F . 4FD
3 P . 4CD		3 F pr PC
4 P . 4FR		4 P . 4D
5 P pr PD		5 P . 5R
6 P . 3FD		6 F . 4FD

Huitième Début.

Gambit des quatre Pions, ou double Gambit Mac'Donnell-Mongredien.

Blancs.		Noirs.
1 P . 4R		1 P . 4R
2 F . 4FD		2 F . 4FD
3 P . 4CD		3 F pr PC
4 P . 4FR		4 P pr P
5 C . 3FR		5 F . 2R
6 P . 4D		6 F . 5TR éch

Neuvième Début.

Berlinoise.

Blancs.		Noirs.	
1	P . 4R	1	P . 4R
2	F . 4FD	2	**C . 3FR**
3	C . 3FR	3	C pr P
4	P . 3D	4	C . 3FR
5	C pr P	5	P . 4D
6	F . 3GD	6	F . 3D

Dixième Début.

Contregambit Greco.

Blancs.		Noirs.	
1	P . 4R	1	P . 4R
2	F . 4FD	2	**P . 4FR**
3	P . 3D	3	C . 3FR
4	P . 4FR	4	PR pr P
5	F pr P	5	P pr P
6	P pr P	6	D . 2R

Onzième Début.

Contre-attaque des Pions du centre.

Blancs.		Noirs.	
1	P . 4R	1	P . 4R
2	F . 4FD	2	**P . 3FD**
3	D . 2R	3	C . 3FR
4	P . 4FR	4	P . 3D
5	P pr P	5	P pr P
6	C . 3FR	6	F . 3D

PARTIE DU CAVALIER.

—

Douzième Début.

Giuoco Piano.

Blancs.		Noirs.	
1	P . 4R	1	P . 4R
2	C . 3FR	2	C . 3FD
3	F . 4FD	3	**F . 4FD**
4	P . 3FD	4	C . 3FR
5	P . 4D	5	P pr P
6	P . 5R	6	P . 4D

Treizième Début.

Gambit Evans accepté.

Blancs.		Noirs.	
1	P . 4R	1	P . 4R
2	C . 3FR	2	C . 3FD
3	F . 4FD	3	F . 4FD
4	**P . 4CD**	4	**F pr PC**
5	P . 3FD	5	F . 4FD
6	P . 4D	6	P pr P

Quatorzième Début.

Gambit Evans refusé.

Blancs.		Noirs.	
1	P . 4R	1	P . 4R
2	C . 3FR	2	C . 3FD
3	F . 4FD	3	F . 4FD
4	P . 4CD	4	**F . 3CD**
5	P . 5CD	5	C . 4TD
6	C pr PR	6	C . 3TR

Quinzième Début.

Contregambit Evans.

Blancs.		Noirs.	
1	P . 4R	1	P . 4R
2	C . 3FR	2	C . 3FD
3	F . 4FD	3	F . 4FD
4	P . 4CD	4	P . 4D
5	P pr P	5	C pr PC
6	P . 3FD	6	C pr P

Seizième Début.

Gambit écossais.

Blancs.		Noirs.	
1	P . 4R	1	P . 4R
2	C . 3FR	2	C . 3FD
3	P . 4D	3	P pr P
4	F . 4FD	4	F . 4FD
5	P . 3FD	5	C . 3FR
6	P . 5R	6	P . 4D

Dix-septième Début.

Partie Lopez.

Blancs		Noirs.	
1	P . 4R	1	P . 4R
2	C . 3FR	2	C . 3FD
3	F . 5CD	3	P . 3FD
4	F . 4TD	4	C . 3FR
5	P . 4D	5	P pr P
6	P . 5R	6	C . 5R

Dix-huitième Début.

Défense des deux Cavaliers ou Fegatello.

Blancs.		Noirs.	
1	P . 4R	1	P . 4R
2	C . 3FR	2	C . 3FD
3	F . 4FD	3	C . 3FR
4	C . 5CR	4	P . 4D
5	P pr P	5	C . 4TD
6	P . 3D	6	F . 4FD

Dix-neuvième Début.

Partie Ponziani ou attaque Staunton.

Blancs.		Noirs.	
1	P . 4R	1	P . 4R
2	C . 3FR	2	C . 3FD
3	P . 3FD	3	C . 3FR
4	P . 4D	4	P . 4D
5	P pr PR	5	C pr P
6	F . 3D	6	F . 2R

Vingtième Début.

Défense russe ou Pétroff.

Blancs.		Noirs.	
1	P . 4R	1	P . 4R
2	C . 3FR	2	C . 3FR
3	C pr P	3	P . 3D
4	C . 3FR	4	C pr P
5	P . 4D	5	P . 4D
6	F . 3D	6	F . 2R

Vingt-unième Début.

Défense Philidor.

Blancs.		Noirs.	
1	P . 4R	1	P . 4R
2	C . 3FR	2	P . 3D
3	P . 4D	3	P pr P
4	D pr P	4	F . 2D
5	F . 4FR	5	C . 3FD
6	D . 2D	6	F . 2R

Vingt-deuxième Début.

Contregambit Greco dans la partie du CR.

Blancs.		Noirs.	
1	P . 4R	1	P . 4R
2	C . 3FR	2	P . 4FR
3	C pr P	3	D . 3FR
4	P . 4D	4	P . 3D
5	C . 4FD	5	P pr P
6	C . 3FD	6	D . 3CR

Vingt-troisième Début.

Contregambit du P de la Dame noire.

Blancs.		Noirs.	
1	P . 4R	1	P . 4R
2	C . 3FR	2	P . 4D
3	P pr P	3	D pr P
4	C . 3FD	4	D . 3R
5	F . 5CD éch	5	F . 2D
6	Roquent	6	P . 3TD

Vingt-quatrième Début.

Gambit Damiano.

	Blancs.		Noirs.
1	P . 4R	1	P . 4R
2	C . 3FR	2	**P . 3FR**
3	C pr P	3	D . 2R
4	C . 3FR	4	P . 4D
5	P . 3D	5	P pr P
6	P pr P	6	D pr P éch

PARTIES RÉGULIÈRES-CENTRALES

Vingt-cinquième Début.

Gambit du centre.

	Blancs.		Noirs.
1	P . 4R	1	P . 4R
2	**P . 4D**	2	P pr P
3	F . 4FD	3	C . 3FR
4	P . 5R	4	P . 4D
5	F . 3CD	5	C . 5R
6	C . 2R	6	F . 4FD

Vingt-sixième Début.

Partie des Pions du centre.

	Blancs.		Noirs.
1	P . 4R	1	P . 4R
2	**P . 3FD**	2	P . 4D
3	C . 3FR	3	P pr P
4	C pr P	4	F . 3D
5	C . 4FD	5	F . 3R
6	P . 4D	6	P pr P en passant.

Vingt-septième Début.

Viennoise ou partie du CD.

Blancs.		Noirs.	
1	P . 4R	1	P . 4R
2	**C . 3FD**	2	C . 3FR
3	P . 4FR	3	P . 4D
4	P pr PD	4	C pr P
5	C pr C	5	D pr C
6	P pr PR	6	C . 3FD

GAMBITS RÉGULIERS DU FOU DU ROI.

Vingt-huitième Début.

Gambit classique.

Blancs.		Noirs.	
1	P . 4R	1	P . 4R
2	P . 4FR	2	P pr P
3	**F . 4FD**	3	**D . 5FR éch**
4	R . 1F	4	P . 4CR
5	C . 3FR	5	D . 4TR
6	P . 4TR	6	F . 2CR

Vingt-neuvième Début.

Défense prussienne dans le Gambit du FR.

Blancs.		Noirs.	
1	P . 4R	1	P . 4R
2	P . 4FR	2	P pr P
3	F . 4FD	3	**C . 3FR**
4	P . 3D	4	P . 4D
5	P pr P	5	C pr P
6	D . 2R éch	6	F . 3R

Trentième Début.

Contregambit Bilguer.

Blancs.		Noirs.
1 P . 4R		1 P . 4R
2 P . 4FR		2 P pr P
3 F . 4FD		3 **P . 4D**
4 F pr P		4 C . 3FR
5 C . 3FR		5 C pr F
6 P pr C		6 D pr P

Trente-unième Début.

Contregambit Lopez-Gianutio.

Blancs.		Noirs.
1 P . 4R		1 P . 4R
2 P . 4FR		2 P pr P
3 F . 4FD		3 **P . 4FR**
4 D . 2R		4 D . 5TR éch
5 R . 1D		5 P pr P
6 D pr P éch		6 F . 2R

Trente-deuxième Début.

Contregambit Bryan.

Blancs.		Noirs.
1 P . 4R		1 P . 4R
2 P . 4FR		2 P pr P
3 F . 4FD		3 **P . 4CD**
4 F pr PC		4 D . 5TR éch
5 R . 1F		5 F . 2CD
6 C . 3FR		6 D . 4TR

GAMBITS RÉGULIERS DU CAVALIER DU ROI.

Trente-troisième Début.

Gambit Greco-Philidor.

	Blancs.		Noirs.
1	P . 4R	1	P . 4R
2	P . 4FR	2	P pr P
3	**C . 3FR**	3	P . 4CR
4	F , 4FD	4	F . 2CR
5	Roquent	5	P . 3D
6	P . 3FD	6	P . 3TR

Trente-quatrième Début.

Gambit Muzio - Cascio.

	Blancs.		Noirs.
1	P . 4R	1	P . 4R
2	P . 4FR	2	P pr P
3	C . 3FR	3	P . 4CR
4	F . 4FD	4	P . 5CR
5	**Roquent**	5	P pr C
6	D pr P	6	D . 3FR

Trente-cinquième Début.

Gambit Muzio-Denop ou Ghulam-Cassim.

	Blancs.		Noirs.
1	P . 4R	1	P . 4R
2	P . 4FR	2	P pr P
3	C . 3FR	3	P . 4CR
4	F . 4FD	4	P . 5CR
5	**P . 4D**	5	P pr C
6	D pr P	6	P . 4D

Trente-sixième Début.

Gambit Muzio-Mac-Donnell.

Blancs.	Noirs.
1 P . 4R	1 P . 4R
2 P . 4FR	2 P pr P
3 C . 3FR	3 P . 4CR
4 F . 4FD	4 P . 5CR
5 **C . 3FD**	5 P pr C
6 D pr P	6 P . 4D

Trente-septième Début.

Gambit Muzio - Lolli.

Blancs.	Noirs.
1 P . 4R	1 P . 4R
2 P . 4FR	2 P pr P
3 C . 3FR	3 P . 4CR
4 F . 4FD	4 P . 5CR
5 **F pr P éch**	5 R pr F
6 C . 5R éch	6 R . 1R

Trente-Huitième Début.

Gambit Salvio.

Blancs.	Noirs.
1 P . 4R	1 P . 4R
2 P . 4FR	2 P pr P
3 C . 3FR	3 P . 4CR
4 F . 4FD	4 P . 5CR
5 C . 5R	5 **D . 5TR éch**
6 R . 1F	6 **C . 3FR**

Trente-neuvième Début.

Gambit Salvio-Silberschmidt.

Blancs.		Noirs.	
1	P . 4R	1	P . 4R
2	P . 4FR	2	P pr P
3	C . 3FR	3	P . 4CR
4	F . 4FD	4	P . 5CR
5	C . 5R	5	D . 5TR éch
6	R . 1F	6	**C . 3TR**
7	P . 4D	7	**P . 6FR**

Quarantième Début.

Gambit Cochrane.

Blancs.		Noirs.	
1	P . 4R	1	P . 4R
2	P . 4FR	2	P pr P
3	C . 3FR	3	P . 4CR
4	F . 4FD	4	P . 5CR
5	C . 5R	5	D . 5TR éch
6	R . 1F	6	**P . 6FR**

Quarante-unième Début.

Gambit Cunningham, ou des trois Pions.

Blancs		Noirs.	
1	P . 4R	1	P . 4R
2	P . 4FR	2	P pr P
3	C . 3FR	3	**F . 2R**
4	F . 4FD	4	F . 5TR éch
5	**P . 3CR**	5	P pr P
6	Roquent.	6	P pr P éch

Quarante-deuxième Début.

Déviation du Gambit Cunningham.

Blancs.		Noirs.	
1	P . 4R	1	P . 4R
2	P . 4FR	2	P pr P
3	C . 3FR	3	F . 2R
4	F . 4FD	4	F . 5TR éch
5	**R . 1F**	5	F . 3FR
6	P . 5R	6	F . 2R

Quarante-troisième Début.

Gambit Allgaier - Herny.

Blancs.		Noirs.	
1	P . 4R	1	P . 4R
2	P . 4FR	2	P pr P
3	C . 3FR	3	P . 4CR
4	**P . 4TR**	4	P . 5CR
5	**C . 5CR**	5	P . 3TR
6	C pr P	6	R pr C
7	D pr P	7	C . 3FR
8	D pr PF	8	**F . 3D**

Quarante-quatrième Début.

Gambit Allgaier - Walker.

Blancs.		Noirs.	
1	P . 4R	1	P . 4R
2	P . 4FR	2	P pr P
3	C . 3FR	3	P . 4CR
4	**P . 4CR**	4	P . 5CR
5	**C . 5CR**	5	P . 3TR
6	C pr PF	6	R pr C
7	**F . 4FD éch**	7	P . 4D

Quarante-cinquième Début.

Gambit Allgaier-Kiézéritzki.

	Blancs.			Noirs.
1	P . 4R		1	P . 4R
2	P . 4FR		2	P pr. P
3	C . 3FR		3	P . 4CR
4	**P . 4TR**		4	P . 5CR
5	**C . 5R**		5	C . 3FR
6	F . 4FD		6	D . 2R

Quarante-sixième Début.

Gambit Allgaier-Paulsen.

	Blancs.			Noirs.
1	P . 4R		1	P . 4R
2	P . 4FR		2	P pr P
3	C . 3FR		3	P . 4CR
4	P . 4TR		4	P . 5CR
5	C . 5R		5	**F . 2CR**
6	P . 4D		6	**C . 3FR**

Quarante-septième Début.

Gambit Allgaier-Polerio.

	Blancs.			Noirs.
1	P . 4R		1	P . 4R
2	P . 4FR		2	P pr P
3	C . 3FR		3	P . 4CR
4	P . 4TR		4	P . 5CR
5	C . 5R		5	**F . 2R**
6	F . 4FD		6	F pr P éch

Quarante-huitième Début.

Gambit du P de la Tour du Roi.

Blancs.		Noirs.	
1	P . 4R	1	P . 4R
2	P . 4FR	2	P pr P
3	**P . 4TR**	3	F . 2R
4	C . 3FR	4	P . 3D
5	P . 4D	5	F . 5CR
6	F pr P	6	F pr P éch

GAMBITS IRRÉGULIERS

—

Quarante-neuvième Début.

Gambit irrégulier du FR restreint.

Blancs.		Noirs.	
1	P . 4R	1	P . 4R
2	P . 4FR	2	P pr P
3	**F . 2R**	3	D . 5TR éch
4	R . 1F	4	D . 3FR
5	C . 3FD	5	P . 3FD
6	P . 4D	6	P . 3D

Cinquantième Début.

Gambit irrégulier du CR restreint.

Blancs.		Noirs.	
1	P . 4R	1	P . 4R
2	P . 4FR	2	P pr P
3	**C . 2R**	3	D . 5TR éch
4	P . 3CR	4	P pr P
5	C pr P	5	F . 3D
6	C . 3FD	6	F pr C

Cinquante-unième Début.

Gambit du Roi irrégulier Carrera (1re forme).

Blancs.		Noirs.	
1	P . 4R	1	P . 4R
2	P . 4FR	2	P pr P
3	**D . 5TR**	3	C . 3FD
4	P . 3D	4	C . 5D
5	R . 1D	5	C . 3R
6	C . 2R	6	D . 3FR

Cinquante-deuxième Début.

Gambit du Roi irrégulier Carrera (2e forme).

Blancs.		Noirs.	
1	P . 4R	1	P . 4R
2	P . 4FR	2	P pr P
3	**D . 4CR**	3	D . 3FR
4	P . 3D	4	F . 3D
5	C . 3FD	5	P . 3FD
6	CR . 2R	6	P . 4TR

Cinquante-troisième Début.

Gambit du Roi irrégulier Carrera (3e forme).

Blancs.		Noirs.	
1	P . 4R	1	P . 4R
2	P . 4FR	2	P pr P
3	**D . 3FR**	3	D . 5TR éch
4	R . 1D	4	P . 3D
5	D . 3CD	5	C . 3FD
6	C . 3FR	6	D . 3FR

Cinquante-quatrième Début.

Gambit du Roi refusé.

Blancs.		Noirs.
1 P . 4R		1 P . 4R
2 P . 4FD		2 F . 4FD
3 C . 3FR		3 P . 3D
4 P . 3FD		4 F . 5CR
5 F . 2R		5 F pr C
6 F pr P		6 C . 3FD

PARTIES IRRÉGULIÈRES.

—

Cinquante-cinquième Début.

Partie du Pion de la Dame.

Partie irrégulière.

Blancs.		Noirs.
1 P . 4D		1 P . 3R
2 P . 4FD		2 P , 4D
3 C . 3FD		3 P . 4FD
4 P . 3R		4 C . 3FR
5 C . 3FR		5 C . 3FD
6 F . 3D		6 F . 3D

Cinquante-sixième Début.

Gambit de la Dame (accepté).

Partie irrégulière.

Blancs.		Noirs.
1 P . 4D		1 P . 4D
2 P . 4FD		2 P pr P
3 P . 3R		3 P . 4R
4 F pr P		4 P pr P
5 P pr P		5 F . 3D
6 C . 3FR		6 C . 3FR

Cinquante-septième Début.

Gambit de la Dame (refusé).

Partie irrégulière.

Blancs.		Noirs.	
1	P . 4D	1	P . 4D
2	P . 4FD	2	**P . 3R**
3	C . 3FD	3	P . 4FD
4	P , 3R	4	C . 3FR
5	C . 3FR	5	C . 3FD
6	P . 3TD	6	P . 3TD

Cinquante-huitième Début.

Partie Stein, ou Hollandaise (en second).

Partie irrégulière.

Blancs.		Noirs.	
1	P . 4D	1	**P . 4FR**
2	P . 4R	2	P pr P
3	C . 3FD	3	C . 3FR
4	F . 5CR	4	P . 3FD
5	F pr C	5	PR pr F
6	C pr P	6	P . 4D

Cinquante-neuvième Début.

Partie du PFD, ou Sicilienne (en premier).

Partie irrégulière.

Blancs.		Noirs.	
1	**P . 4FD**	1	P . 4R
2	P . 3R	2	C . 3FR
3	C . 3FD	3	P . 4D
4	P . 4D	4	PR pr P
5	PR pr P	5	P . 4FD
6	C . 3FR	6	F . 3R

Soixantième Début.

Contregambit du centre.

Partie irrégulière.

	Blancs.		Noirs.
1	P . 4R	1	**P . 4D**
2	P pr P	2	D pr P
3	C . 3FD	3	D . 4TD
4	P . 4D	4	P . 4R
5	P pr P	5	D pr P éch
6	F . 2R	6	F . 5CD

Soixante-unième Début.

Partie Sicilienne (en second).

Partie irrégulière.

	Blancs.		Noirs.
1	P . 4R	1	**P . 4FD** !
2	P . 4D	2	P pr P
3	C . 3FR	3	P . 3R
4	C pr P	4	C . 3FR
5	F . 3D	5	C . 3FD
6	F . 3R	6	P . 4D

Soixante-deuxième Début.

Partie du PFR, ou Partie Stein (en premier).

Partie irrégulière.

	Blancs.		Noirs.
1	**P . 4FR**	1	P . 4D
2	P . 3R	2	P . 4FD
3	C . 3FR	3	C . 3FD
4	P . 4D	4	P . 3R
5	P . 4FD	5	C . 3FR
6	C . 3FD	6	F . 3D

Soixante-troisième Début.

Partie Française.

Partie irrégulière.

Blancs.		Noirs.	
1	P . 4R	1	**P . 3R !**
2	P . 4D	2	P . 4D
3	P pr P	3	P pr P
4	C . 3FR	4	C . 3FR
5	F . 3R	5	F . 3R
6	F . 3D	6	F . 3D

Soixante-quatrième Début.

Fianchetto di Donna, ou Partie des petites Chapelles.

Partie irrégulière.

Blancs.		Noirs.	
1	P . 4R	1	**P . 3CD ?**
2	P . 4D	2	**F . 2CD**
3	F . 3D	3	P . 3R
4	C . 3FR	4	P . 4D
5	P pr P	5	P pr P
6	Roquent	6	P . 4FD

Soixante-cinquième Début.

Fianchetto di Re.

Partie irrégulière.

Blancs.		Noirs.	
1	P . 4R	1	**P . 3CR**
2	P . 4D	2	F . 2CR
3	P . 4FR	3	P . 3R
4	C . 3FR	4	P . 3CD
5	P . 4FD	5	F . 2CD
6	C . 3FD	6	C . 2R

Soixante-sixième et dernier Début.

Un des Débuts de fantaisie.

Partie irrégulière.

Blancs.		Noirs.	
1	P . 3TD	1	P . 4R
2	P . 4FD	2	C . 3FR
3	C . 3FD	3	P . 4D
4	P pr PD	4	C pr P
5	P . 3R	5	F . 3R
6	C . 3FR	6	F . 3D

Remarque I. Nous n'avons pas jugé à propos d'employer les signes algébriques qui marquent l'égalité ou la différence, à la suite de chaque début, comme nous l'avons fait dans la *Stratégie raisonnée*. Le petit nombre de coups joués de part et d'autre ne permet pas toujours cette appréciation. Mais le lecteur, en pareil cas, a une ressource : c'est de recourir à la *Stratégie raisonnée*, qui s'est occupée de ce soin, quand le début est arrivé à son complément. Il ne faut pas oublier que l'*ouvrage* et le *journal*, ainsi que l'insinue déjà la similitude de nom, ont été rédigés de manière à se prêter un mutuel secours.

Remarque II. En consultant les immenses travaux exécutés par la science sur les diverses manières de commencer la partie, la *Stratégie raisonnée* est parvenue à formuler soixante-six espèces de Débuts-Modèles. Nous sommes loin, évidemment, de les regarder, comme tous également recommandables. Par l'appréciation dont tous les tableaux des Débuts-Modèles sont accompagnés à la suite du dernier coup, on voit qu'il en est qui sont favorables au trait, d'autres qui lui sont contraires. Mais il n'en est aucun, à notre sens, qui ne présente de l'intérêt, et qui ne puisse figurer dans la pratique, en alternant le trait, s'il est nécessaire.

Si l'on nous consultait maintenant sur le profit qu'en peut retirer l'amateur qui a besoin de se fortifier, et qui, peut-être, est loin de soupçonner un si grand nombre de manières de varier la lutte dès son origine, nous lui dirions avec les maîtres : *faites en sorte de n'en ignorer aucun.* Surtout, ayez soin de les *analyser,* c'est-à-dire, de bien vous rendre compte des raisons qui motivent chacun des coups de l'attaque et de la défense. N'oubliez donc jamais que P. Morphy a suivi ce conseil, qu'il s'était donné à lui-même, avec tant de profit, qu'il a pour habitude de saisir l'avantage dans l'un des *six premiers coups,* et cela parce que l'adversaire en sait moins que lui dans ce petit département.

C'est chose qui peut paraître merveilleuse aux Échecs, de voir combien il importe de conquérir le premier un avantage, quelque minime qu'il soit. Pour les maîtres exercés, c'est le grain de senevé qui devient progressivement un grand arbre ; c'est la boule de neige qui s'amplifie *petit à petit,* et au point qu'elle suffit pour écraser un adversaire, dont les forces ont été graduellement affaiblies dans le cours de la lutte.

Mais, comment se mettre dans la tête soixante-six Débuts ? Bien plus facilement qu'on ne pense. En prenant un Début par jour, c'est l'affaire de deux mois. Si l'on y joint l'indication, mais l'indication seule des Variantes qui accompagnent les coups modèles dans les tableaux de la *Stratégie raisonnée,* cela demandera quelque temps de plus ; mais aussi n'est-ce rien que d'être en possession de soixante-six Échiquiers cérébraux, quand on arrive devant l'Échiquier réel, et en présence d'un adversaire réduit à ses ressources personnelles.

En publiant l'*A B C,* nous avons été constamment encouragés et soutenus par l'espoir qu'il serait une introduction utile aux études sérieuses, et un moyen de contribuer pour une part à la propagande est à la diffusion du noble jeu. Ajoutons qu'il entrait aussi comme partie intégrante dans notre *Traité complet des Échecs.*

CHAPITRE VII

Parties désespérées (en apparence).

On connaît déjà les cent parties désespérées de Stamma.
Afin de rendre plus sensible, plus démonstrative la recommandation que nous faisons, *Stratégie raisonnée des Ouvertures*, tome 1er, Théorie des Échecs, page 57, n° 220, nous allons offrir au lecteur plusieurs fins de parties qui, au premier coup d'œil, sembleraient devoir être abandonnées par le trait, et qui présentent toutes ce coup de ressource qui force la victoire, et dont les exemples sont bien plus multipliées qu'on ne pense.

A ce sujet, qu'il nous soit permis d'insister un moment sur un trait d'histoire que nous n'avons jamais lu; auquel, même aujourd'hui, nous ne pouvons penser, sans être saisis d'un vif sentiment d'admiration et d'attendrissement. Voici:

On vient d'apprendre à Rome le désastre de la bataille de Cannes où sont tombés cinquante mille Romains par la faute, ou plutôt par l'impéritie de Varron. Certes, c'était bien là une partie désesperée *en apparence* pour Rome. Mais voici qu'on apprend autre chose : c'est que le *battu* est accouru en toute hâte pour solliciter des secours. A Carthage, comme le remarque Rollin, un général eût payé de sa tête une pareille audace. Rome, elle, ne fut peut-être jamais aussi grande. Le bruit que Varron approche se répand comme l'étincelle électrique. A l'instant, tout le monde est sur pied; et la cité tout entière, à la suite des ordres de l'État, s'avance comme un seul homme au devant l'immortel vaincu, pour le féliciter de ce qu'il n'a pas *désespéré* du salut de la patrie... On sait que dans cette lutte à jamais célèbre, c'est Rome qui fut victorieuse; quel lecteur, en présence de ce fait mémorable, ne dira pas instinctivement : elle le méritait... Eh bien! c'est de cette vieille roche qu'était sorti le vieux Caton; c'est de cette trempe que devrait être le joûteur de l'Échiquier....

On nous pardonnera d'avoir peut-être un peu trop insisté sur un trait connu de l'histoire : notre excuse, c'est qu'il s'adapte parfaitement, selon nous, à la pensée qui nous occupe en ce moment.

Nous donnerons les solutions de ces parties à la fin du présent chapitre.

FIN DE PARTIE, N° 1.

PAR M. TONETTI.

Noirs.

Blancs.

Les Blancs jouent et gagnent en deux coups.

FIN DE PARTIE, N° 2.

PAR L'ANONYME, de Modène.

Noirs.

Blancs.

Les Blancs jouent et gagnent en deux coups.

FIN DE PARTIE, N° 3.

PAR M. CALVI.

Noirs.

Blancs.

Les Blancs jouent et gagnent en deux coups.

FIN DE PARTIE, N° 4.

PAR UN AMATEUR.

Noirs.

Blancs.

Les Blancs jouent et gagnent en deux coups.

FIN DE PARTIE, Nº 5.

PAR M. SCHMIDT.

Les Blancs jouent et gagnent en trois coups.

FIN DE PARTIE, Nº 6.

PAR DE LABOURDONNAIS.

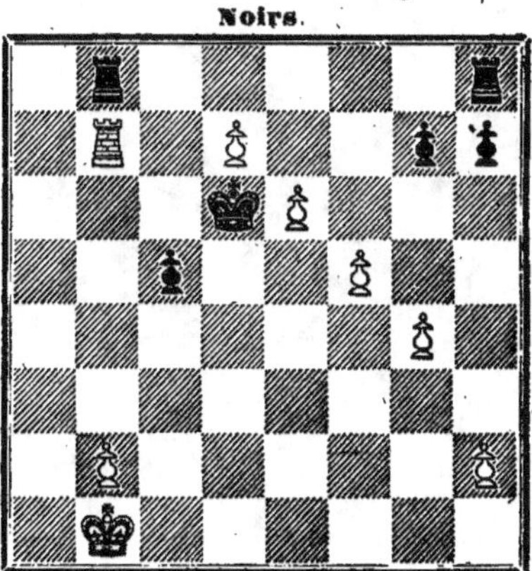

Les Blancs jouent et gagnent en trois coups.

FIN DE PARTIE, N° 7.

PAR LEWIS.

Noirs.

Blancs.

Les Blancs jouent et gagnent en trois coups.

FIN DE PARTIE, N° 8.

PAR LEWIS.

Noirs.

Blancs.

Les Blancs jouent et gagnent en trois coups.

FIN DE PARTIE, N° 9.

PAR M. GROSDEMANGE.

Les Blancs jouent et gagnent en quatre coups.

FIN DE PARTIE, N° 10.

PAR DE LABOURDONNAIS.

Les Blancs jouent et gagnent en quatre coups.

FIN DE PARTIE, N° 11.

PAR M. SCHOUMOFF.

Noirs.

Blancs.

Les Blancs jouent et gagnent en quatre coups.

FIN DE PARTIE, N° 12.

PAR M. SCHOUMOFF.

Noirs.

Blancs.

Les Blancs jouent et gagnent en quatre coups.

FIN DE PARTIE, N° 43.

PAR M. SCHMIDT.

Noirs.

Blancs.

Les Blancs jouent et gagnent en quatre coups.

FIN DE PARTIE, N° 14.

PAR M. SCHMIDT.

Noirs.

Blancs.

Les Blancs jouent et gagnent en six coups.

Solutions des parties désespérées (en apparence).

Nº 1.

| Blancs. | Noirs. |

1   C . 6D; laissant deux pièces en prise.

          1   P pr C; si les Noirs jouaient 1 D pr D, les Blancs donneraient échec et mat par 2 C . 7FR.

2   D pr D, et gagnent.

Nº 2.

1   T . 1FD; pour faire perdre un temps à leur adversaire.'

2   P . 7TD, et gagnent. | 1   T pr T, ou 1 P . 7CD.

Nº 3.

Otez le P blanc 5TD.

1   P pr P | 1   F pr P
2   P fait F, et gagnent.

Si à leur 2ᵉ coup les Blancs faisaient une Dame, les Noirs joueraient 2 F . 5D éch, partie nulle, car, après la prise de ce Fou, les Noirs seraient *pat*.

Nº 4.

1   C . 6FR éch | 1   P pr C, forcé à cause du mat par la T blanche.

2   F . 4D échec à la découverte et gagnent la Dame et la partie.

Nº 5.

1   P . 7CR éch | 1   R . 1D,   meilleur.

S'ils jouaient 1 R . 2F, les Blancs donneraient échec et mat en deux coups.

2   P . 7D éch | 2   R pr P. Si 2 D pr P, 3 P fait D échec et mat.

3   F . 8FD éch, et gagnent la Dame et la partie.

N° 6.

1	P . 7R	1	R pr PR, meilleur.
2	P fait D, double éch.	2	R pr D, forcé.
3	T pr T échec, et gagnent l'autre Tour et la partie.		

N° 7.

1	P pr D	1	T pr D
2	P . 4CR, enfermant la Tour noire.		
		2	P pr P

3 P . 6TD et gagnent; les Noirs ne pouvant empêcher un des deux Pions blancs de faire Dame.

N° 8.

1	T . 8FR éch	1	R . 2CD, meilleur.
2	T . 8CD éch	2	R pr T, ou 2 R . 2TD
3	C . 6FD échec, et gagnent la Dame et la partie.		

N° 9.

1 T pr PF. Si les Blancs jouaient 1 T pr PD, les Noirs
feraient Dame avec le PF, et par des échecs successifs ga-
gneraient la Tour et la partie.

		1	P fait D
		Si	1 P fait C
2	T . 7FR, et gagnent.		
2	T . 2CD	2	D . 8R éch
3	R . 7D	3	D . 8D éch
		Si	3 D . 6CR ; espérant

que les Blancs joueront 4 P pr D, faisant *pat* le Roi noir,
    4 T . 2TD échec, et gagnent.

4 R . 7FD, et gagnent.

N° 10.

1 P fait C éch. Si les Blancs jouaient 1 P fait Dame,
les Noirs feraient échec et mat par 1 T . 8R.

		1	R . 1R
2	D . 6CR éch	2	R . 1F. Si 2 R . 1D,

les Blancs joueraient 3 D pr PD échec, gagnant la Tour
noire et la partie.

   3 D . 6FR éch | 3 R . 1C
   4 C . 7R échec, et ils font mat en deux coups.

Nº 11.

1 C . 5FD éch	1 R . 3CD
	Si 1 P pr C.
2 P . 6R	2 P . 6CR
3 P . 7R	3 P . 7CR
4 P fait D	4 P fait D
5 D . 6FD, éch et mat.	
2 C . 7D éch	2 R . 2FD
3 C pr F	3 R . 1D
	Si 3 P . 6CR
4 P . 7R	4 P . 7CR

5 P fait D, et ils font échec et mat en deux coups.

   4 C , 5TR ; arrêtant les Pions et gagnant.

Nº 12.

1 C , 2FD éch	1 R . 4FD
	Si 1 R . 6CD
2 C . 1TD éch	2 R . 5CD, meilleur.
3 F . 8FR éch	3 R . 4TD
4 P fait D éch, et gagnent.	
2 T . 1CR	2 P pr T fait D
3 F . 3R éch	3 D pr F
4 C pr D, et gagnent.	

Nº 13.

1 C . 6R éch	1 D pr C
2 P . 6CD éch	2 R . 3FD
3 P . 5D éch	3 D pr P ; s'ils prenaient

avec le Roi, les Blancs joueraient 4 F . 7FR gagnant la
Dame et la partie.

   4 F . 3FR, et gagnent.

N° 14.

1	T . 8FD éch		1	C pr T
2	T . 8CR éch		2	R . 2R

3 P pr C fait C éch. Si les Blancs faisaient Dame ils seraient mat en deux coups.

        3 R . 3R. Si 3 R . 2FR, les Blancs répondraient par 4 C pr P échec, et gagnent.

4	T . 6CR éch		4	R . 4D
5	T . 5CR éch		5	R . 3FD

6 C . 7TD échec, et gagnent.

CHAPITRE VIII

Dernière ressource aux Échecs.

Nous avons vu, à l'occasion des parties désespérées, avec quelle persévérance d'acharnement il faut tenir bon, tant qu'il reste une lueur d'espérance.

Tous les joueurs font des fautes, et la victoire appartient, non à celui qui n'en fait aucune, mais à celui qui en fait le moins. Cela posé, pourquoi ne pas se flatter de l'espoir que l'adversaire fera une *brioche* égale à celle qui a compromis votre partie, ou une plus forte encore?

Mais supposé que toute apparence de gain ait disparu, reste la possibilité de faire une *remise*, comme cela se voit tous les jours. Ne vous reste-t-il pas l'espérance de la surprise par le pat, par l'échec perpétuel, par une liquidation qui ne laissera pas une force suffisante pour mater? Il faut donc, aussi longtemps que possible, caresser la bonne fortune d'une remise qui devient une gloire, quand tout semblait vous condamné à périr.

D'un autre côté, pourquoi insister quand la remise est évidente, et reprendre les mêmes coups plus de *deux fois,* ou plus de trois tout au plus? Nous désirerions même à ce sujet un article additionnel à la règle des Échecs.

Il nous reste à donner quelques exemples de parties où tout espoir de résistance était perdu, et où se présente un coup de ressource qui fait partie nulle.

N° 1.

PAR J. P.

Noirs.

Blancs.

Les Blancs jouent et font partie nulle en un coup.

N° 2.

PAR J. P.

Noirs.

Blancs.

Les Blancs jouent et font partie nulle en trois coups.

N° 3.

PAR J. P.

Noirs.

Blancs.

Les Blancs jouent et font partie nulle en trois coups.

N° 4.

PAR J. P.

Noirs.

Blancs.

Les Blancs jouent et font partie nulle en quatre coups.

Nº 5.

PAR J. P.

Noirs.

Blancs.

Les Blancs jouent et font partie nulle en quatre coups.

Nº 6.

PAR J. P.

Noirs.

Blancs.

Les Blancs jouent et font partie nulle en quatre coups.

N° 7.

PAR M. SCHMIDT.

Noirs.

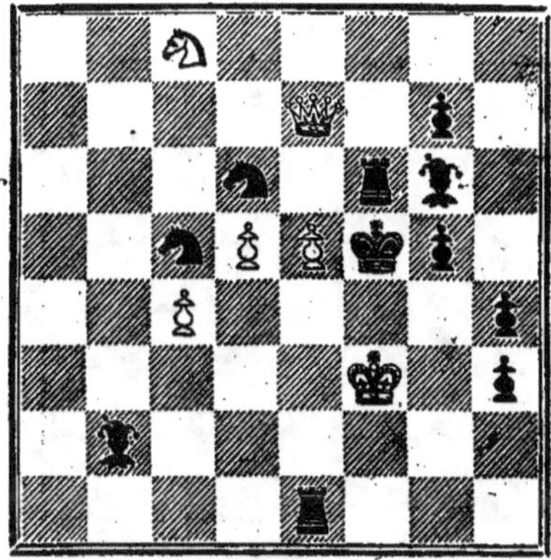

Blancs.

Les Blancs jouent et se font faire pat en quatre coups,
ou font échec perpétuel.

N° 8.

PAR M. E. LEQUESNE.

Noirs.

Blancs.

Les Blancs jouent et font partie nulle en cinq coups.

N° 9.

PAR J. P.

Noirs.

Blancs.

Les Blancs jouent et font partie nulle en cinq coups.

Solutions des Positions de la dernière ressource aux Échecs.

N° 1.

Blancs.	Noirs.

1   T . 7TD, et font partie nulle.

Les Noirs ne peuvent pas prendre la Tour, parce que les Blancs seraient *pat,* et quelle que soit la case où ils jouent leur T, les Blancs la poursuivront toujours de façon à les empêcher de donner le mat à la 8e case.

N° 2.

Blancs.		Noirs.
1 T . 6R éch		1 D pr T, forcé.
2 P . 5FR éch		2 D pr P, forcé.
3 P pr D éch		3 R pr P

Les deux Cavaliers ne pouvant pas forcer le mat, la partie est nulle.

N° 3.

1	T . 8FR éch	1	F pr T, forcé.
2	P . 5FR éch déc.	2	R . 2T
3	F . 1CD éch	3	R . 1C

Échec perpétuel.

N° 4.

1   C . 5D éch | 1   C pr C, forcé. Si les Noirs jouent leur Roi, la Dame blanche ferait échec et mat à 8CD ou en prenant la Tour.

2   D . 5R éch | 2   R joue.

3   D . 8CD, ou pr T fait échec.

3   R . 2R

4   D . 5R, échec perpétuel.

N° 5.

1   C . 5FR éch | 1   D pr C, forcé. Si R . 6TR la T blanche donnerait échec et mat.

2	F . 2FR éch	2	D pr F, ou (A)
3	T . 4CR éch	3	R . 6TR

4   T . 3CR, échec perpétuel; si le R, ou la D prend la Tour, les Blancs sont pat.

(A)

		2	R . 6TR
3	T . 3CR éch	3	R . 5TR
4	T . 1CR échec déc.		

Partie nulle par l'échec perpétuel ou par le pat.

N° 6.

1   C . 5TD éch | 1   P pr C. Si les Noirs ne prenaient pas le C, les Blancs donneraient échec avec la Tour et feraient mat ensuite avec la Dame.

2	T . 7FD éch	2	T pr T
3	D pr T éch	3	R . 1T

4   D . 8FD, échec perpétuel.

N° 7.

1	D pr T éch	1	P pr D
2	C . 7R éch	2	R pr P
3	C . 6FD éch	3	R . 4FR
4	C . 4D éch		

Partie nulle.

Si les Noirs prennent le C, les Blancs sont pat, s'ils ne le prennent pas, les Blancs font échec perpétuel.

N° 8.

1	F . 6FR éch	1	R . 1C
2	R . 3R	2	P fait D
3	F pr D	3	R pr F
4	R . 2F	4	P . 7T (A)
5	R . 1F		

Partie nulle, les Noirs sont pat.

(A)

		4	R . 7T
5	R . 1F	5	R . 6C
6	R . 1C		

Partie nulle.

N° 9.

1	C . 5FD éch	1	R . 4T
2	C pr D	2	R pr C, meilleur.
3	T . 7TD éch	3	R . 5C
4	T . 7CD éch	4	R . 5T
5	T pr T éch	5	F pr T éch

Quand le F n'est pas de la couleur de la case ou le PT doit faire Dame, et que le Roi adverse a pris position devant le P comme, dans l'exemple ci-dessus, la partie est nulle, car les Noirs ne pourront que faire *pat*.

CHAPITRE IX

Une idée du Problème d'Échecs.

Donner une idée du Problème, c'est tout ce que peut se permettre un *A B C,* qui, par son titre même, est condamné à rester à la porte du temple, puisque l'entrée du sanctuaire lui est interdite.

Mais ce que nous pouvons promettre à l'amateur encore novice dans l'espèce, ce sont des jouissances intellectuelles, telles qu'il n'en a pas éprouvé dans la pratique même de la partie.

Dans l'usage de la partie, qu'arrive-t-il nécessairement? C'est que, comme les forces qui luttent ensemble sont à peu près égales, les efforts qui sont faits d'un côté pour la création d'une combinaison ingénieuse et savante, sont neutralisés par la résistance de l'ennemi qui devine le plan de son adversaire, et réduit à néant le chef-d'œuvre au moment où il allait se produire.

Dans la création du Problème, rien ne s'oppose au développement complet des forces intellectuelles; rien n'empêche de serrer, de compliquer, d'enlacer le nœud gordien; de tourner et retourner les compartiments de ce labyrinthe, etc., c'est la part du sphinx; celle de l'Œdipe, à la gloire duquel aspire d'abord le commençant, consiste à visiter ces profondeurs le flambeau à la main, à saisir un à un les anneaux de la chaîne dont on a voulu l'étreindre, à suivre avec ordre et méthode la série des compartiments de la prison où on a eu la prétention de l'enfermer. Le Problème est donc, ainsi que la partie, une lutte véritable entre deux champions, dont l'un veut triompher de l'autre.

Mais nous conseillons au jeune apprenti qui commence la vaste campagne du Problème, et qui se promet de pouvoir un jour remplir le double rôle du Sphinx et de l'Œdipe, nous lui conseillons de commencer par ce qu'il y a de plus simple dans les combinaisons, et de ne pas se borner au plaisir déjà bien légitime de la devinade, mais d'analyser la pensée de l'auteur, de s'en servir pour composer une œuvre semblable et reposant sur la même base, etc., etc.

Mais ce qu'il faut bien savoir, c'est qu'on ne peut donner le nom de Problème qu'à ces compositions qui présentent une difficulté véritable, et toujours quelque chose d'ingénieux, de spirituel, d'inattendu. Nous espérons que le lecteur trouvera au moins une partie de ces qualités, dans le petit nombre de Problèmes élémentaires que peut présenter l'A B C. Nous laissons à la méditation du jeune amateur cette pensée de M. d'Orville, qui jouit dans l'espèce d'une réputation méritée : « Je souhaite aux lecteurs qui me feront l'honneur de chercher à deviner mes Problèmes, une partie au moins du plaisir que j'ai eu à les composer. »

PROBLÈME N° 1.	PROBLÈME N° 2.	PROBLÈME N° 3.
PAR J. P.	PAR J. P.	PAR J. P.
Noirs.	Noirs.	Noirs.

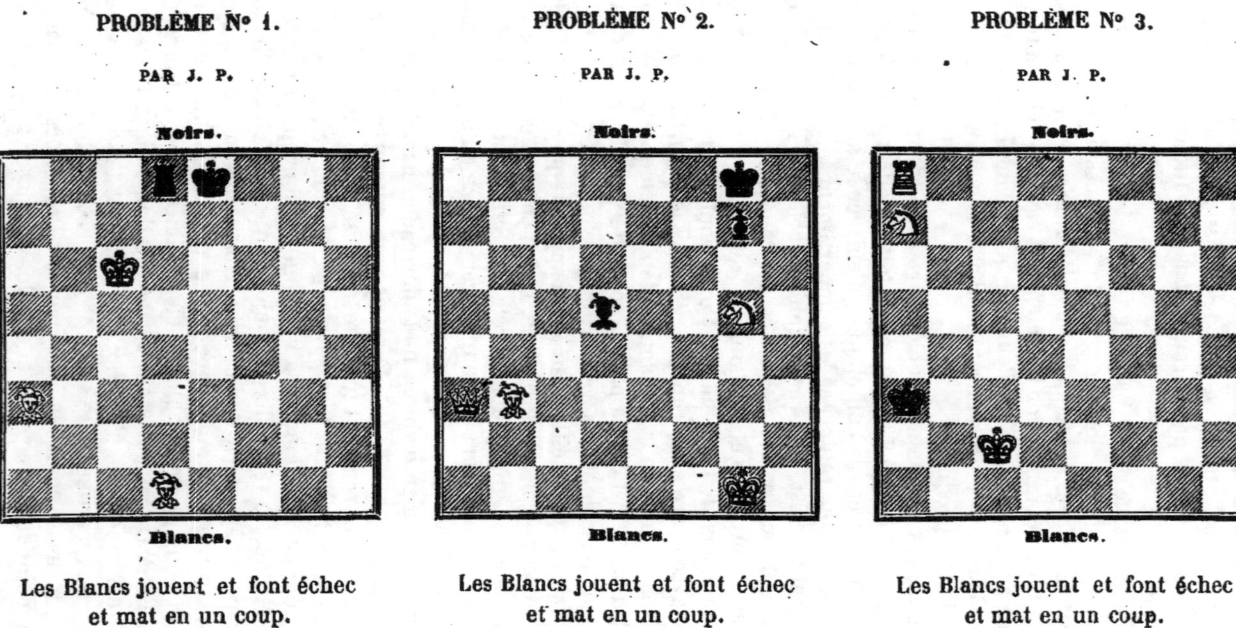

Blancs.	Blancs.	Blancs.
Les Blancs jouent et font échec et mat en un coup.	Les Blancs jouent et font échec et mat en un coup.	Les Blancs jouent et font échec et mat en un coup.

PROBLÈME Nº 4.	PROBLÈME Nº 5.	PROBLÈME Nº 6.
PAR J. P.	PAR J. P.	PAR J. P.

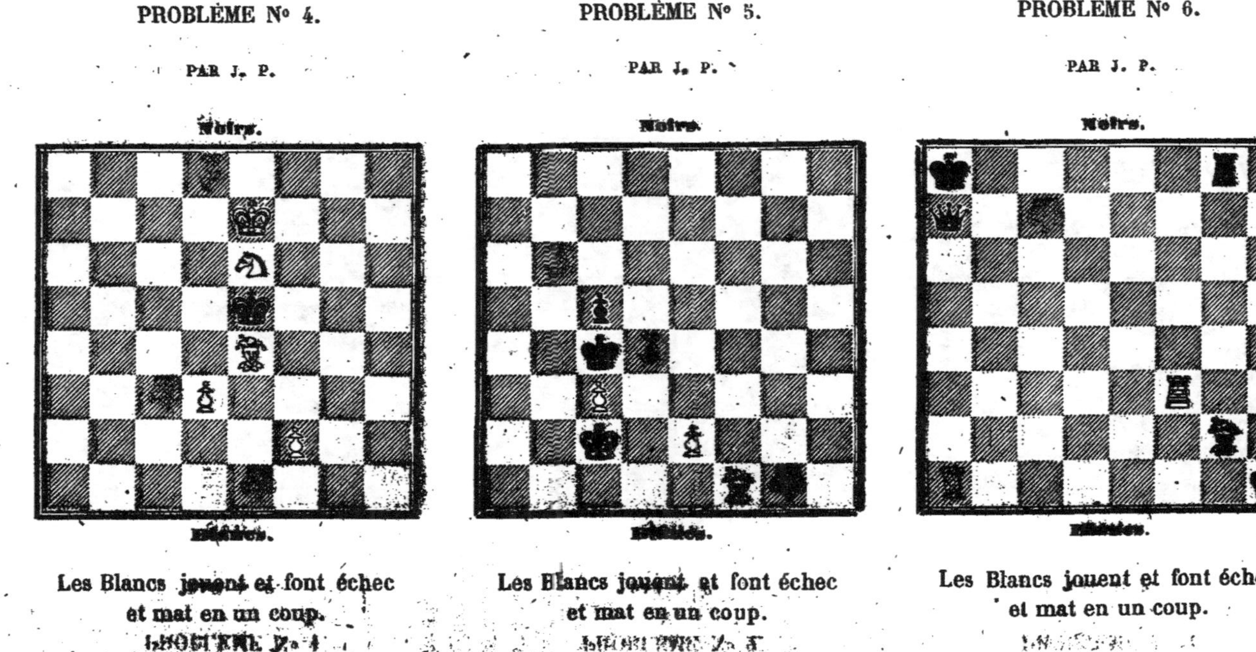

Les Blancs jouent et font échec et mat en un coup.	Les Blancs jouent et font échec et mat en un coup.	Les Blancs jouent et font échec et mat en un coup.

PROBLÈME Nº 7.

PAR J. P.

PROBLÈME Nº 8.

PAR J. P.

PROBLÈME Nº 9.

PAR J. P.

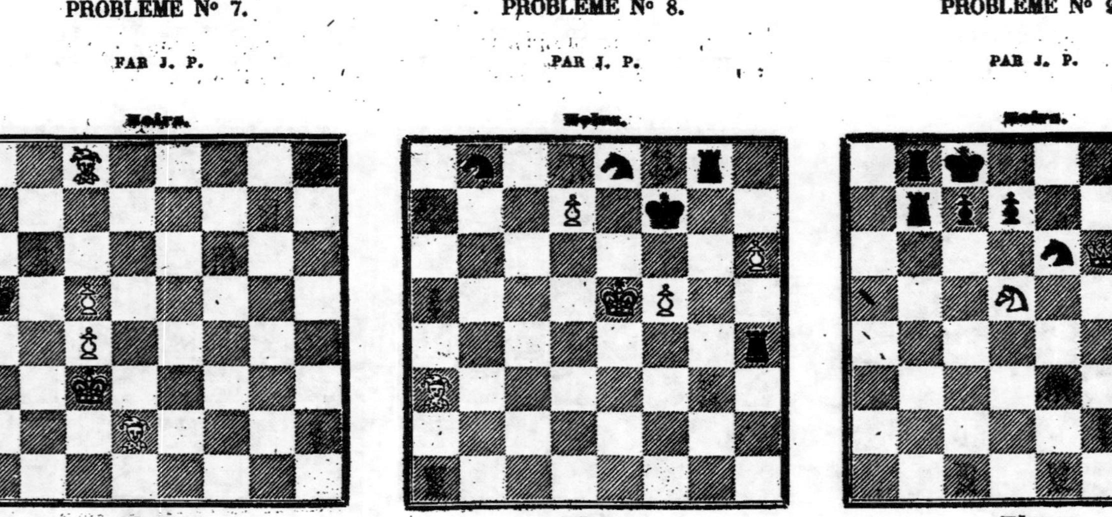

Les Blancs jouent et font échec
et mat en un coup.

Les Blancs jouent et font échec
et mat en un coup.

Les Blancs jouent et font échec
et mat en deux coups.

— 108 —

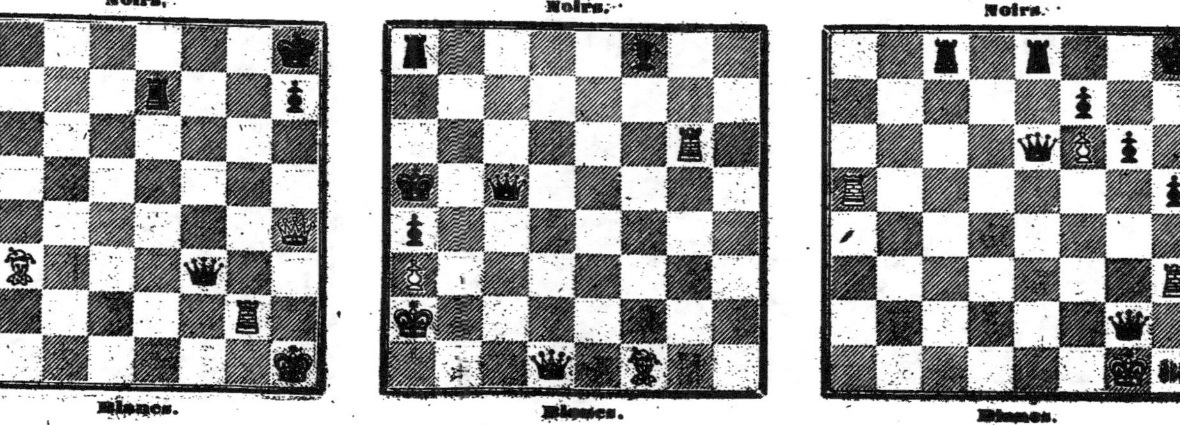

PROBLÈME Nº 10.

PAR J. P.

Noirs.

Blancs.

Les Blancs jouent et font échec
et mat en deux coups.

PROBLÈME Nº 11.

PAR J. P.

Noirs.

Blancs.

Les Blancs jouent et font échec
et mat en deux coups.

PROBLÈME Nº 12.

PAR J. P.

Noirs.

Blancs.

Les Blancs jouent et font échec
échec et mat en deux coups.

PROBLÈME No 13.	PROBLÈME No 14.	PROBLÈME No 15.
PAR J. P.	PAR J. P.	PAR J. P.

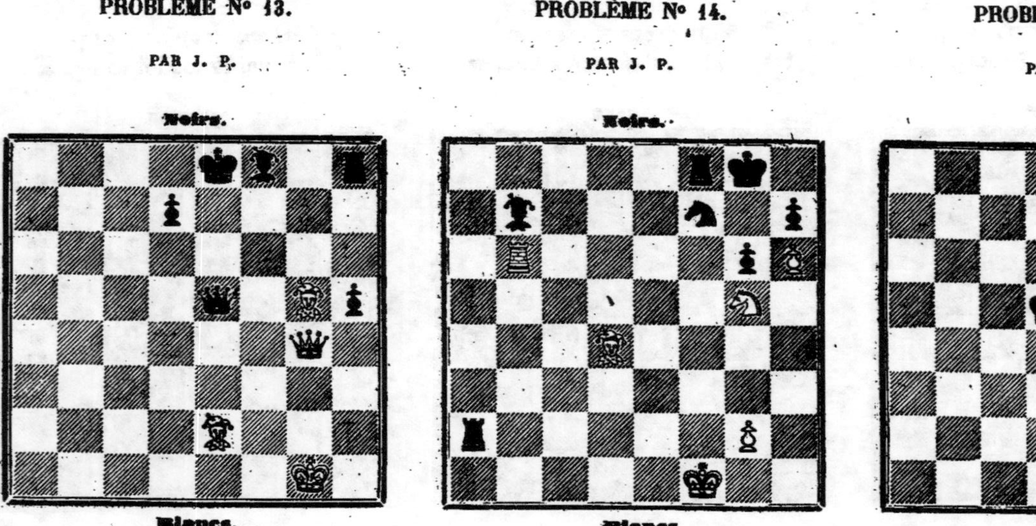

Les Blancs jouent et font échec et mat en deux coups.	Les Blancs jouent et font échec et mat en deux coups.	Les Blancs jouent et font échec et mat en deux coups.

PROBLÈME Nº 16.

PAR J. P.

Noirs.

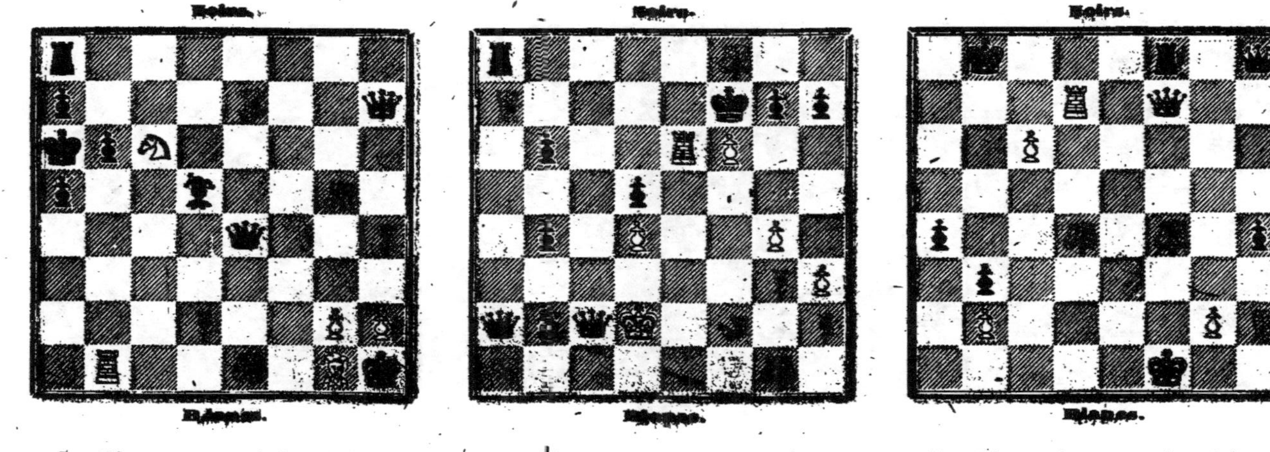

Blancs.

Les Blancs jouent et font échec
et mat en deux coups.

PROBLÈME Nº 17.

PAR M. E. LEQUESNE.

Noirs.

Blancs.

Les Blancs jouent et font échec
et mat en deux coups.

PROBLÈME Nº 18.

PAR M. E. LEQUESNE.

Noirs.

Blancs.

Les Blancs jouent et font échec
et mat en deux coups.

PROBLÈME N° 19.

PAR M. E. LEQUESNE.

Noirs.

Blancs.

Les Blancs jouent et font échec
et mat en deux coups.

PROBLÈME N° 20.

PAR M. E. LEQUESNE.

Noirs.

Blancs.

Les Blancs jouent et font échec
et mat en deux coups.

PROBLÈME N° 21.

PAR M. LAMOUROUX.

Noirs.

Blancs.

Les Blancs jouent et font échec
et mat en deux coups.

PROBLÈME Nᵒ 22.

PAR M. LAMOUROUX.

Noirs.

Blancs.

Les Blancs jouent et font échec
et mat en deux coups.

PROBLÈME Nᵒ 23.

PAR M. LAMOUROUX.

Noirs.

Blancs.

Les Blancs jouent et font échec
et mat en deux coups.

PROBLÈME Nᵒ 24.

PAR M. LAMOUROUX.

Noirs.

Blancs.

Les Blancs jouent et font échec
et mat en deux coups.

PROBLÈME N° 25.

PAR M. LAMOUROUX.

Noirs.

PROBLÈME N° 26.

PAR M. LAMOUROUX.

Noirs.

PROBLÈME N° 27.

PAR M. LAMOUROUX.

Noirs.

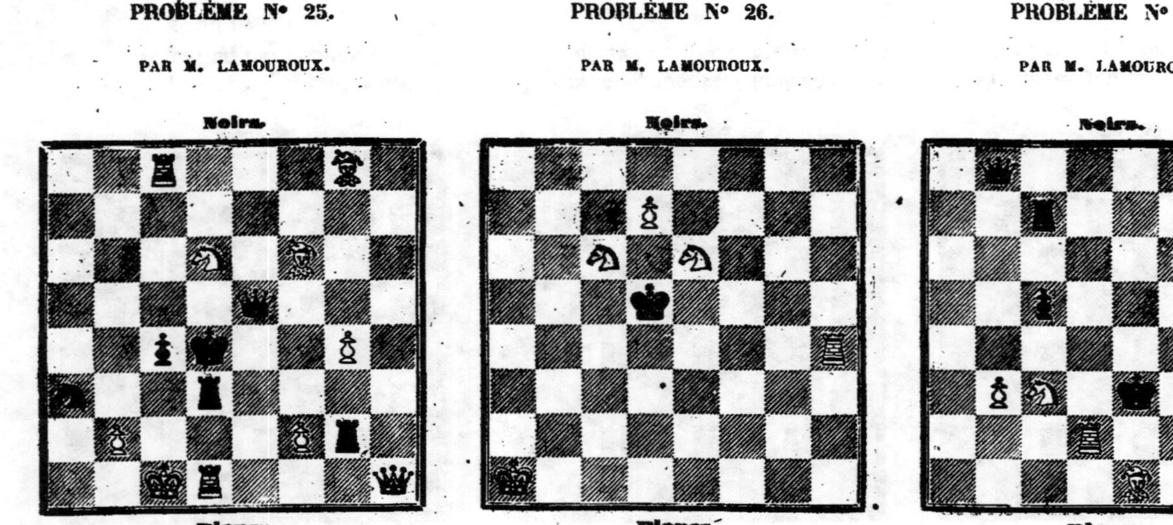

Blancs.

Les Blancs jouent et font échec
et mat en deux coups.

Blancs.

Les Blancs jouent et font échec
et mat en deux coups.

Blancs.

Les Blancs jouent et font échec
et mat en deux coups.

PROBLÈME N° 28.

PAR M. A. DEMASURE.

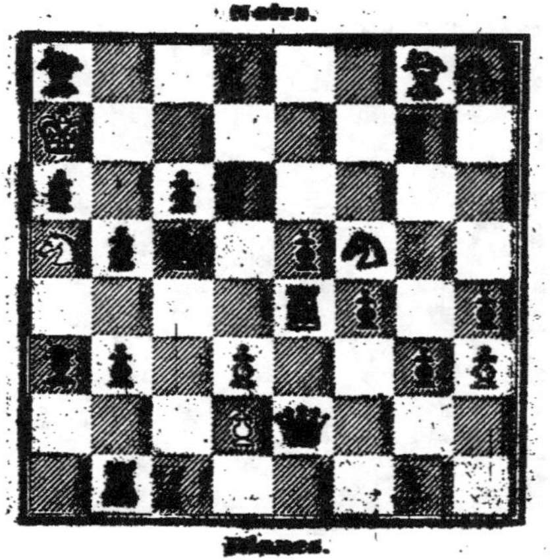

Noirs.

Blancs.

Les Blancs jouent et font échec
et mat en deux coups.

PROBLÈME N° 29.

PAR M. S. LOYD.

Noirs.

Blancs.

Les Blancs jouent et font échec
et mat en deux coups.

PROBLÈME N° 30.

PAR M. S. LOYD.

Noirs.

Blancs.

Les Blancs jouent et font échec
et mat en deux coups.

PROBLÈME N° 31.

PAR M. S. LOYD.

Noirs.

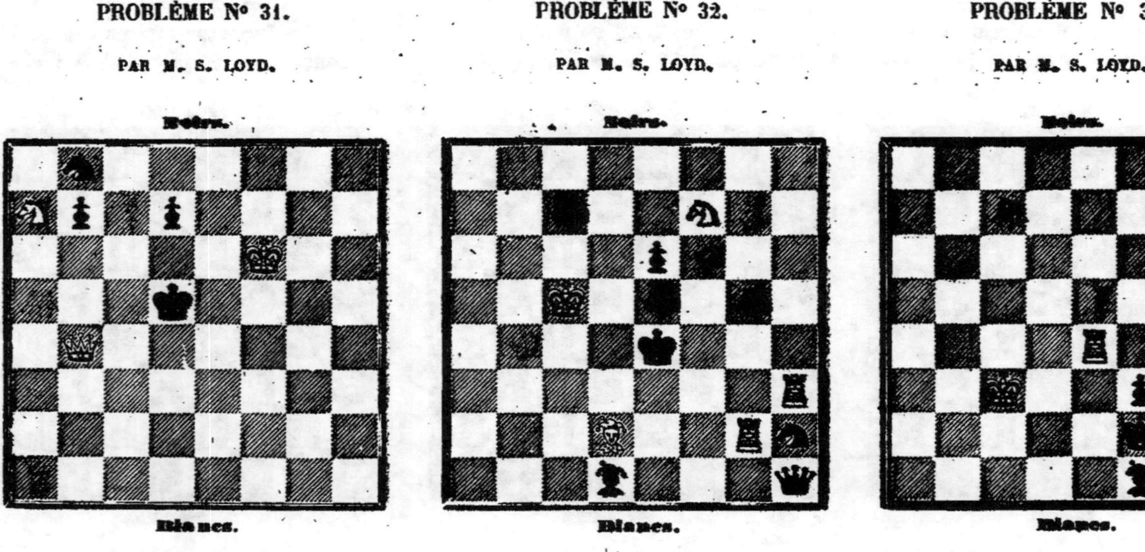

Blancs.

Les Blancs jouent et font échec
et mat en deux coups.

PROBLÈME N° 32.

PAR M. S. LOYD.

Noirs.

Blancs.

Les Blancs jouent et font échec
et mat en deux coups.

PROBLÈME N° 33.

PAR M. S. LOYD.

Noirs.

Blancs.

Les Blancs jouent et font échec
et mat en deux coups.

PROBLÈME Nº 34.

PAR M. S. LOYD.

Noirs.

Blancs.

Les Blancs jouent et font échec
et mat en deux coups.

PROBLÈME Nº 35.

PAR M. S. LOYD.

Noirs.

Blancs.

Les Blancs jouent et font échec
et mat en deux coups.

PROBLÈME Nº 36.

PAR M. S. LOYD.

Noirs.

Blancs.

Les Blancs jouent et font échec
et mat en deux coups.

PROBLÈME Nº 37.

PAR M. S. LOYD.

Noirs.

Blancs.

Les Blancs jouent et font échec
et mat en deux coups.

PROBLÈME Nº 38.

PAR M. S. LOYD.

Noirs.

Blancs.

Les Blancs jouent et font échec
et mat en deux coups.

PROBLÈME Nº 39.

PAR M. S. LOYD.

Noirs.

Blancs.

Les Blancs jouent et font échec
et mat en deux coups.

PROBLÈME N° 40.

PAR M. S. LOYD.

Noirs.

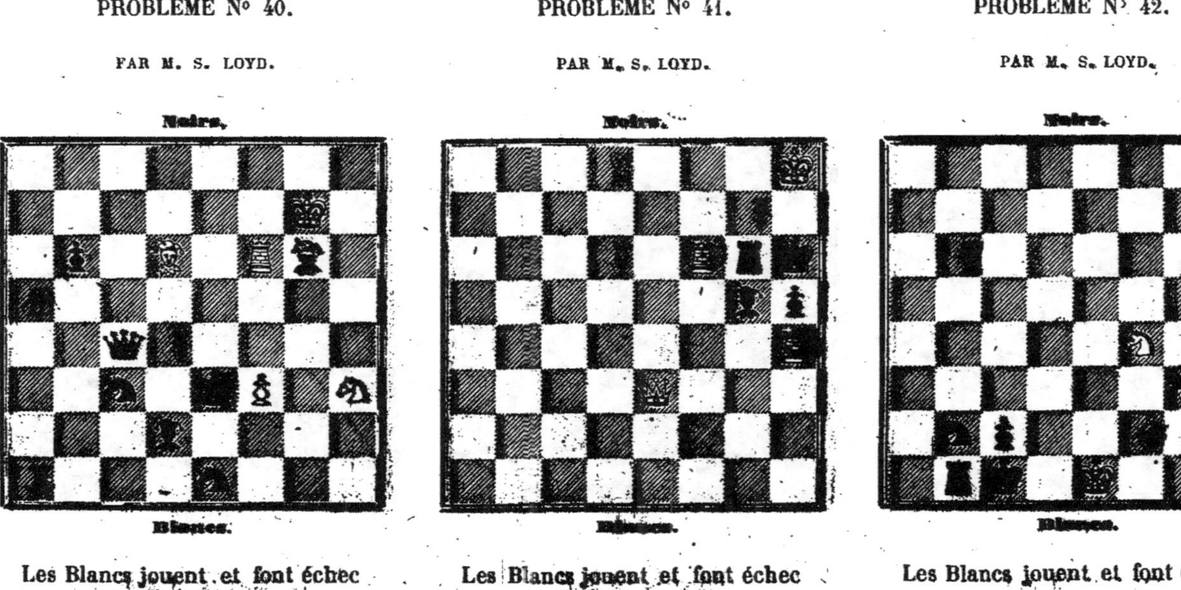

Blancs.

Les Blancs jouent et font échec
et mat en deux coups.

PROBLÈME N° 41.

PAR M. S. LOYD.

Noirs.

Blancs.

Les Blancs jouent et font échec
et mat en deux coups.

PROBLÈME N° 42.

PAR M. S. LOYD.

Noirs.

Blancs.

Les Blancs jouent et font échec
et mat en deux coups.

PROBLÈME Nº 43.	PROBLÈME Nº 44.	PROBLÈME Nº 45.
PAR M. S. LOYD.	PAR M. S. LOYD.	PAR M. S. LOYD.

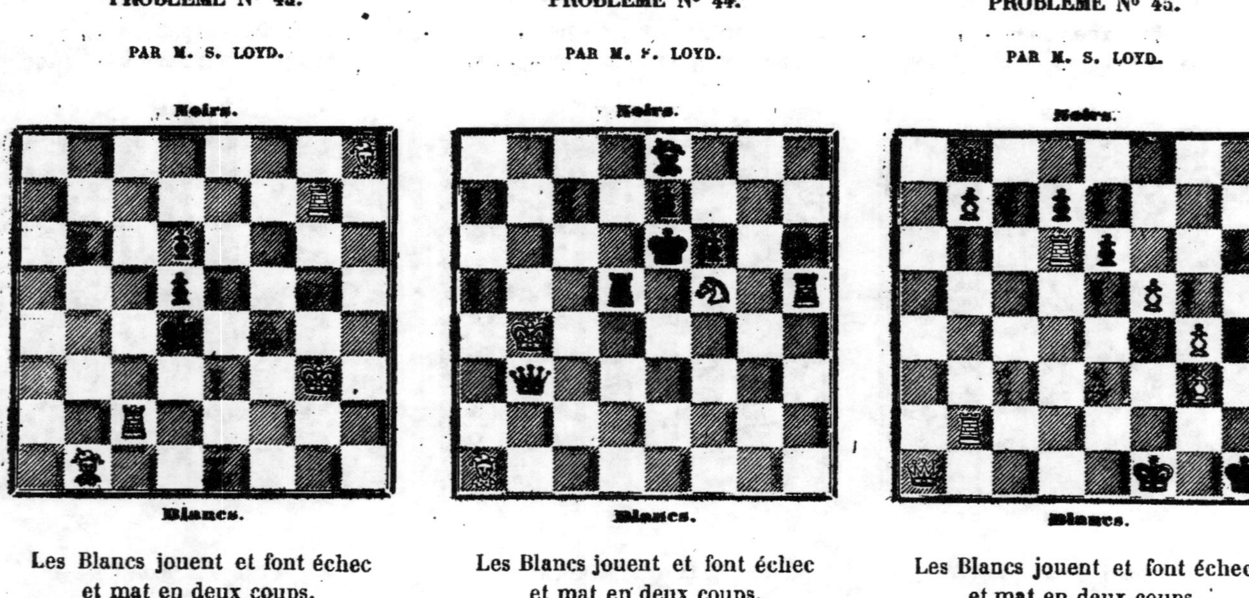

| Les Blancs jouent et font échec et mat en deux coups. | Les Blancs jouent et font échec et mat en deux coups. | Les Blancs jouent et font échec et mat en deux coups. |

PROBLÈME N° 46.	PROBLÈME N° 47.	PROBLÈME N° 48.
PAR M. S. LOYD.	PAR M. S. LOYD.	PAR M. S. LOYD.

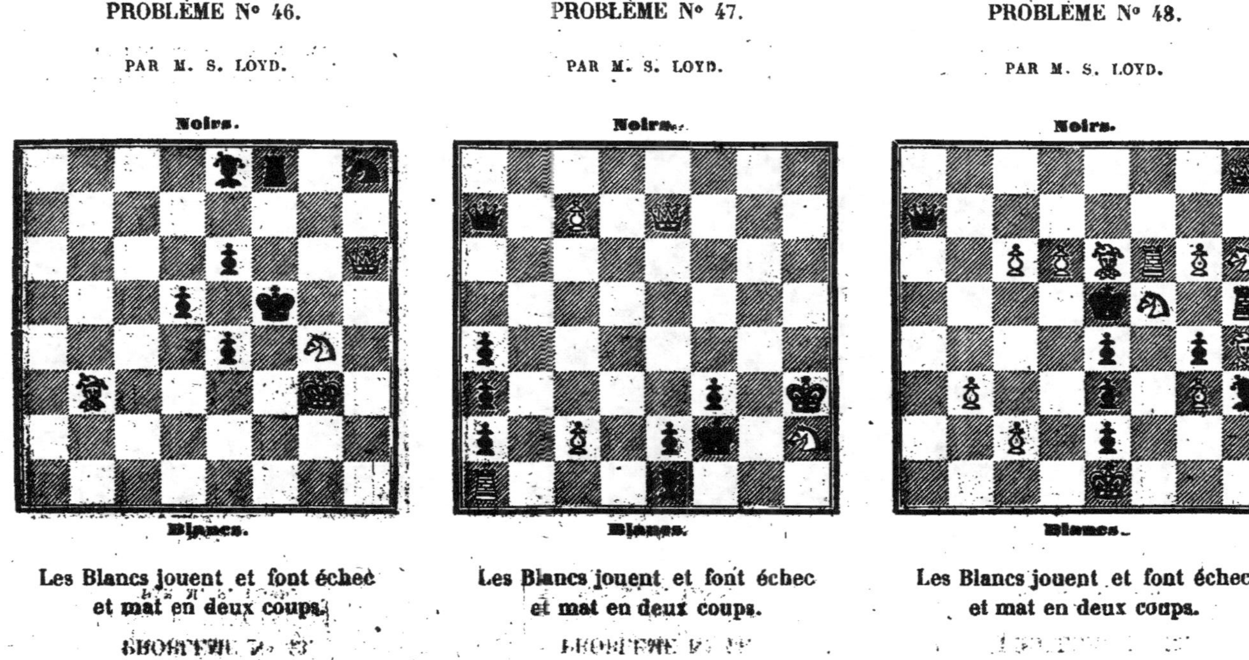

Les Blancs jouent et font échec et mat en deux coups.	Les Blancs jouent et font échec et mat en deux coups.	Les Blancs jouent et font échec et mat en deux coups.

PROBLÈME Nᵒ 49.	PROBLÈME Nᵒ 50.	PROBLÈME Nᵒ 51.
PAR M. S. LOYD.	PAR J. P.	PAR J. P.

Noirs.

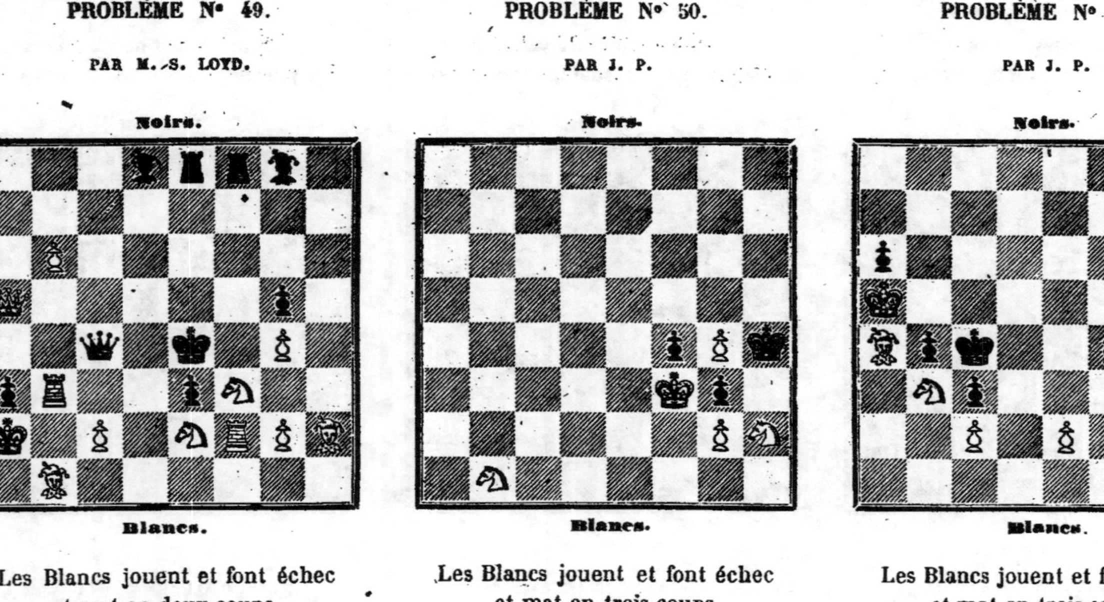

Blancs.

| Les Blancs jouent et font échec et mat en deux coups. | Les Blancs jouent et font échec et mat en trois coups. | Les Blancs jouent et font échec et mat en trois coups. |

PROBLÈME Nº 52.

PAR J. P.

Noirs.

Blancs.

Les Blancs jouent et font échec
et mat en trois coups.

PROBLÈME Nº 53.

PAR M. DEMONCHY fils (de Marseille).

Noirs.

Blancs.

Les Blancs jouent et font échec
et mat en trois coups.

PROBLÈME Nº 54.

PAR M. D. MERCIER (d'Argelliers).

Noirs.

Blancs.

Les Blancs jouent et font échec
et mat en trois coups.

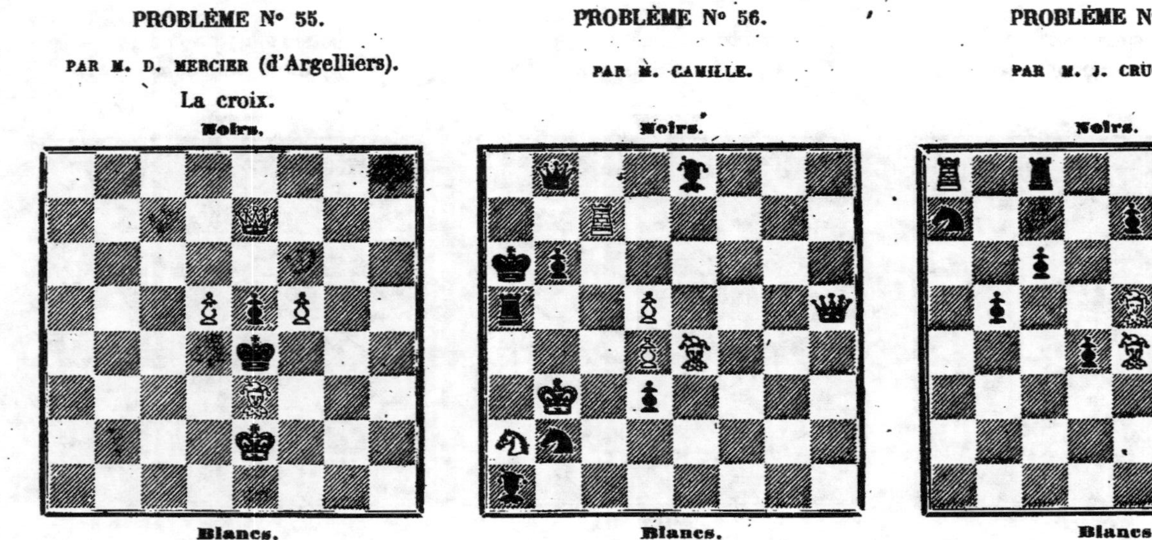

PROBLÈME N° 55.

PAR M. D. MERCIER (d'Argelliers).

La croix.

Noirs.

Blancs.

Les Blancs jouent et font échec
et mat en trois coups.

PROBLÈME N° 56.

PAR M. CAMILLE.

Noirs.

Blancs.

Les Blancs jouent et font échec
et mat en trois coups.

PROBLÈME N° 57.

PAR M. J. CRUCHON.

Noirs.

Blancs.

Les Blancs jouent et font échec
et mat en trois coups.

PROBLÈME Nº 58.	PROBLÈME Nº 59.	PROBLÈME Nº 60.
PAR M. A. DEMASURE.	PAR M. A. DEMASURE.	PAR M. E. LEQUESNE.
Noirs.	Noirs.	Noirs.
Blancs.	Blancs.	Blancs.
Les Blancs jouent et font échec et mat en trois coups.	Les Blancs jouent et font échec et mat en trois coups.	Les Blancs jouent et font échec et mat en trois coups.

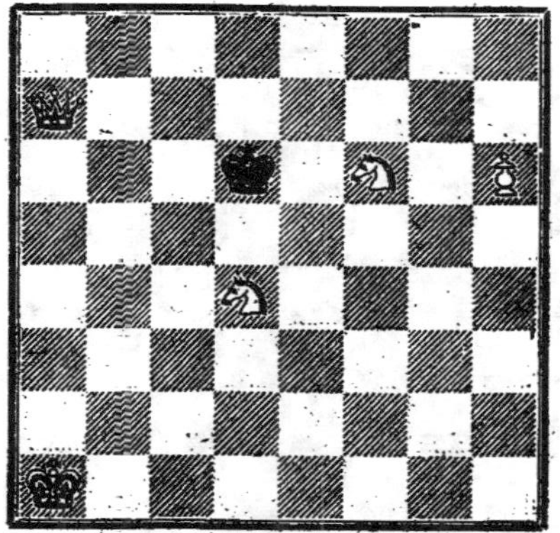

PROBLÈME Nº 61.

PAR M. E. LEQUESNE.

Noirs.

Blancs.

Les Blancs jouent et font échec
et mat en trois coups.

PROBLÈME Nº 62.

PAR M. E. LEQUESNE.

Noirs.

Blancs.

Les Blancs jouent et font échec
et mat en trois coups.

PROBLÈME Nº 63.

PAR M. E. LEQUESNE.

Noirs.

Blancs.

Les Blancs jouent et font échec
et mat en trois coups.

PROBLÈME Nº 64.

PAR M. D. KLARK,

de Smeinogorsk, en Sibérie.

Noirs.

Blancs.

Les Blancs jouent et font échec
et mat en trois coups.

PROBLÈME Nº 65.

PAR M. LAMOUROUX.

Noirs.

Blancs.

Les Blancs jouent et font échec
et mat en trois coups.

PROBLÈME Nº 66.

PAR M. LAMOUROUX.

Noirs.

Blancs.

Les Blancs jouent et font échec
et mat en trois coups.

PROBLÈME Nº 67.

PAR M. LAMOUROUX.

Noirs.

Blancs.

Les Blancs jouent et font échec
et mat en trois coups.

PROBLÈME Nº 68.

PAR M. LAMOUROUY.

Noirs.

Blancs.

Les Blancs jouent et font échec
et mat en trois coups.

PROBLÈME Nº 69.

PAR M. LAMOUROUX.

Noirs.

Blancs.

Les Blancs jouent et font échec
et mat en trois coups.

PROBLÈME N° 70.

FAR M. LAMOUROUX.

Noirs.

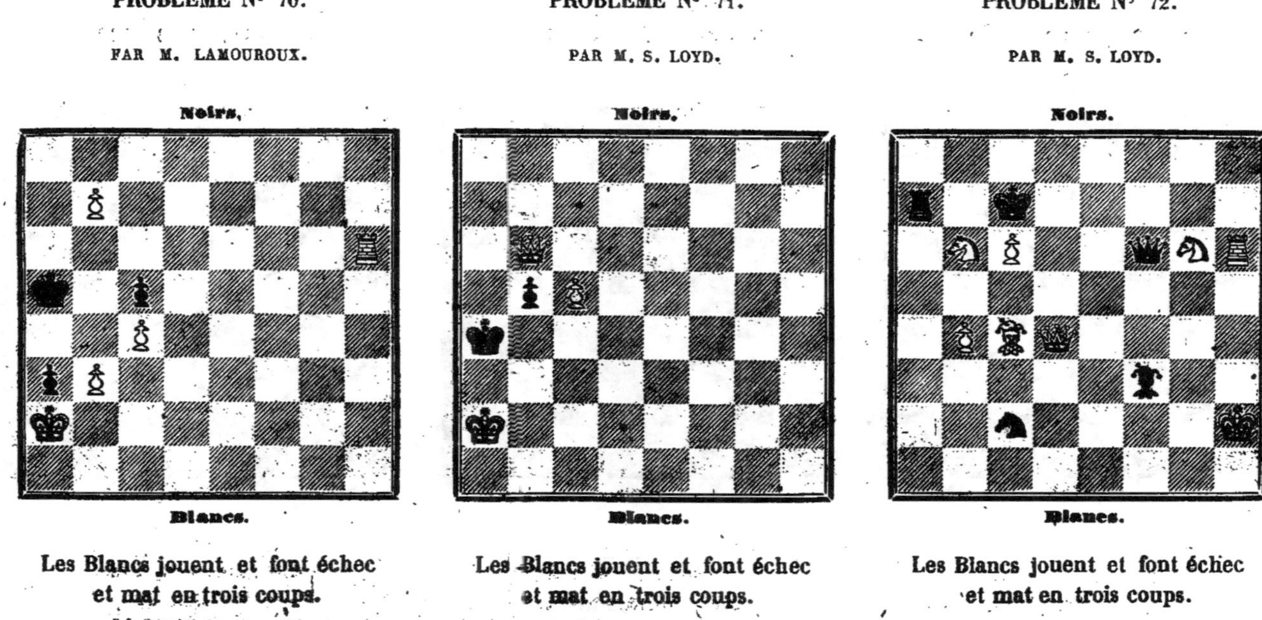

Blancs.

Les Blancs jouent et font échec
et mat en trois coups.

PROBLÈME N° 71.

PAR M. S. LOYD.

Noirs.

Blancs.

Les Blancs jouent et font échec
et mat en trois coups.

PROBLÈME N° 72.

PAR M. S. LOYD.

Noirs.

Blancs.

Les Blancs jouent et font échec
et mat en trois coups.

PROBLÈME Nº 73.

PAR M. S. LOYD.

Noirs.

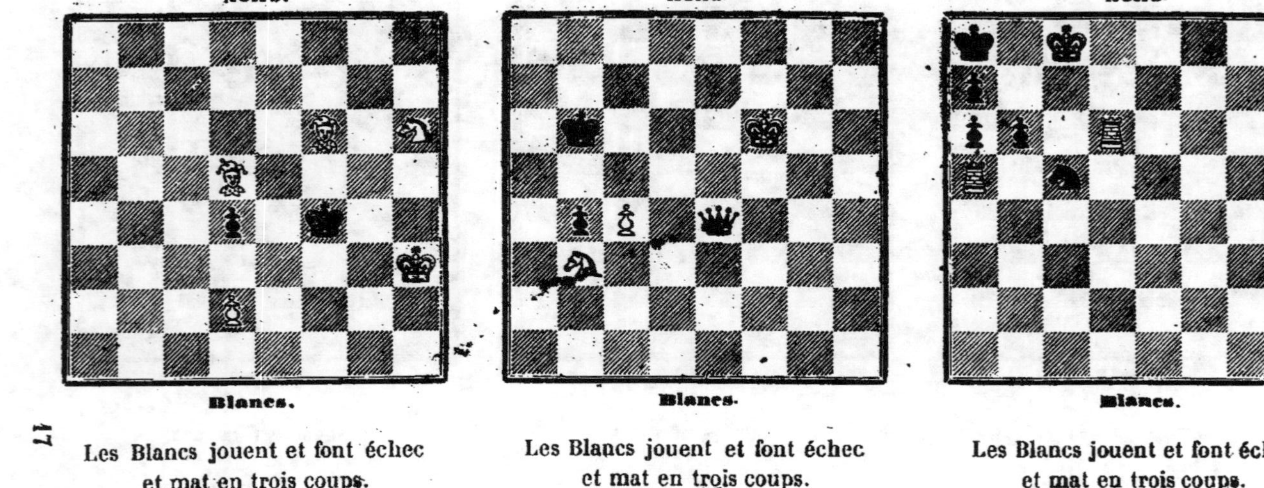

Blancs.

Les Blancs jouent et font échec
et mat en trois coups.

PROBLÈME Nº 74.

PAR M. S. LOYD.

Noirs.

Blancs.

Les Blancs jouent et font échec
et mat en trois coups.

PROBLÈME Nº 75.

PAR M. S. LOYD.

Noirs.

Blancs.

Les Blancs jouent et font échec
et mat en trois coups.

PROBLÈME Nº 76.	PROBLÈME Nº 77.	PROBLÈME Nº 78.
PAR M. S. LOYD.	PAR M. S. LOYD.	PAR M. S. LOYD.
Noirs.	Noirs.	Noirs.

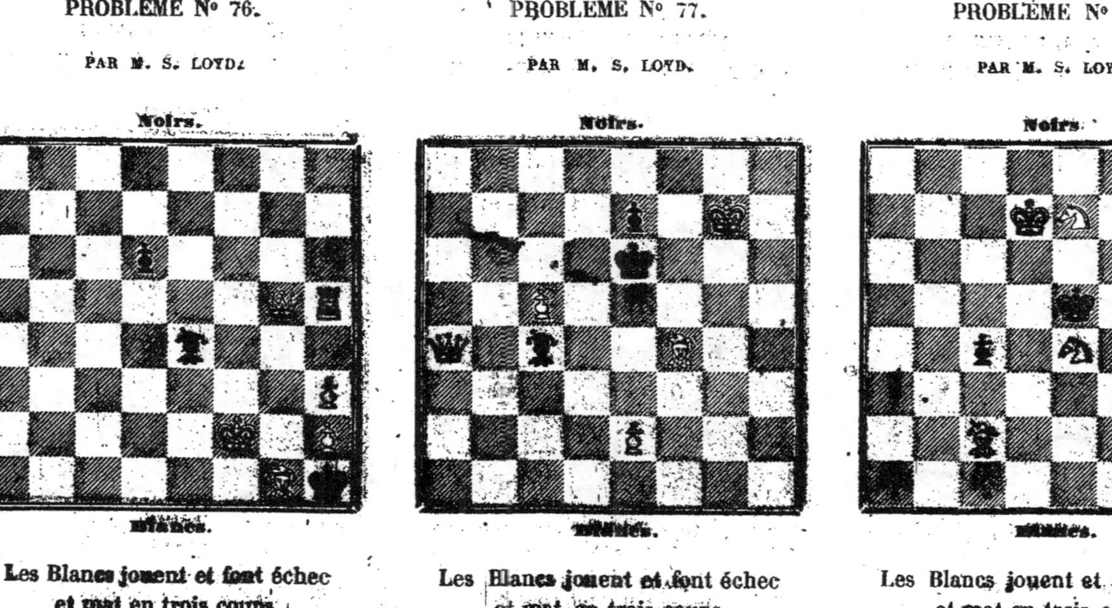

Blancs.	Blancs.	Blancs.
Les Blancs jouent et font échec et mat en trois coups.	Les Blancs jouent et font échec et mat en trois coups.	Les Blancs jouent et font échec et mat en trois coups.

PROBLÈME N° 79.

PAR M. S. LOYD.

Noirs.

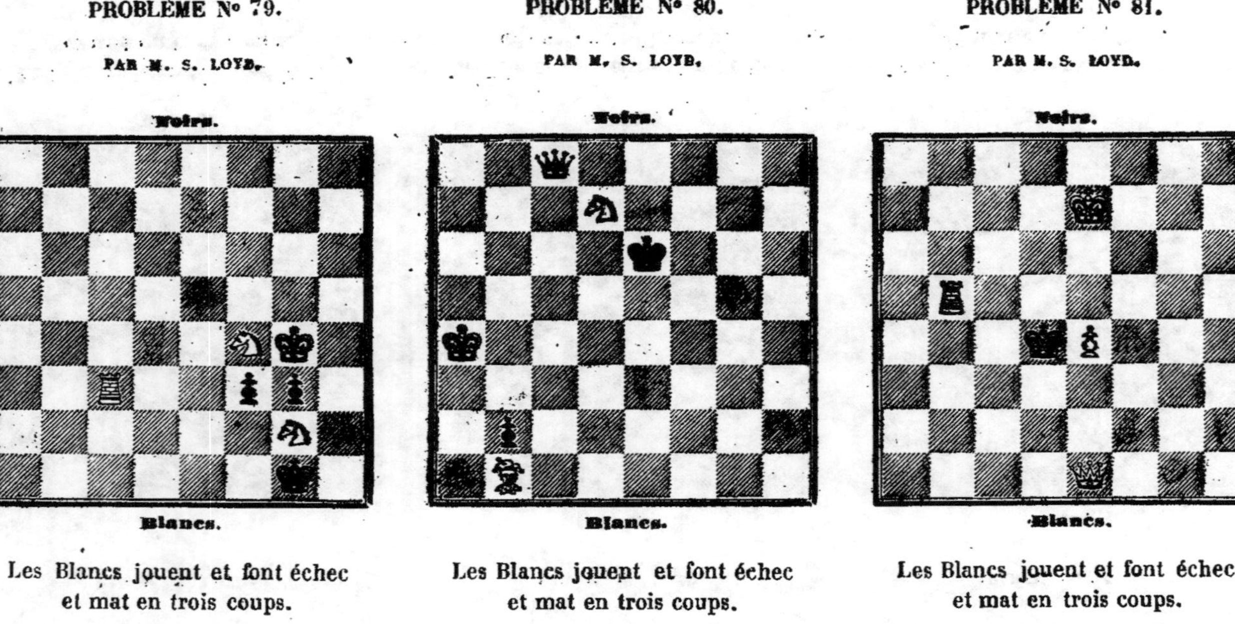

Blancs.

Les Blancs jouent et font échec
et mat en trois coups.

PROBLÈME N° 80.

PAR M. S. LOYD.

Noirs.

Blancs.

Les Blancs jouent et font échec
et mat en trois coups.

PROBLÈME N° 81.

PAR M. S. LOYD.

Noirs.

Blancs.

Les Blancs jouent et font échec
et mat en trois coups.

PROBLÈME Nº 82.

PAR M. S. LOYD.

Noirs.

Blancs.

Les Blancs jouent et font échec
et mat en trois coups.

PROBLÈME Nº 83.

PAR M. S. LOYD.

Noirs

Blancs.

Les Blancs jouent et font échec
et mat en trois coups.

PROBLÈME Nº 84.

PAR M. S. LOYD.

Noirs.

Blancs.

Les Blancs jouent et font échec
et mat en trois coups.

PROBLÈME Nᵒ 85.

PAR M. S. LOYD.

Noirs.

Blancs.

Les Blancs jouent et font échec
et mat en trois coups.

PROBLÈME Nᵒ 86.

PAR M. S. LOYD.

Noirs.

Blancs.

Les Blancs jouent et font échec
et mat en trois coups.

PROBLÈME Nᵒ 87.

PAR M. S. LOYD.

Noirs.

Blancs.

Les Blancs jouent et font échec
et mat en trois coups.

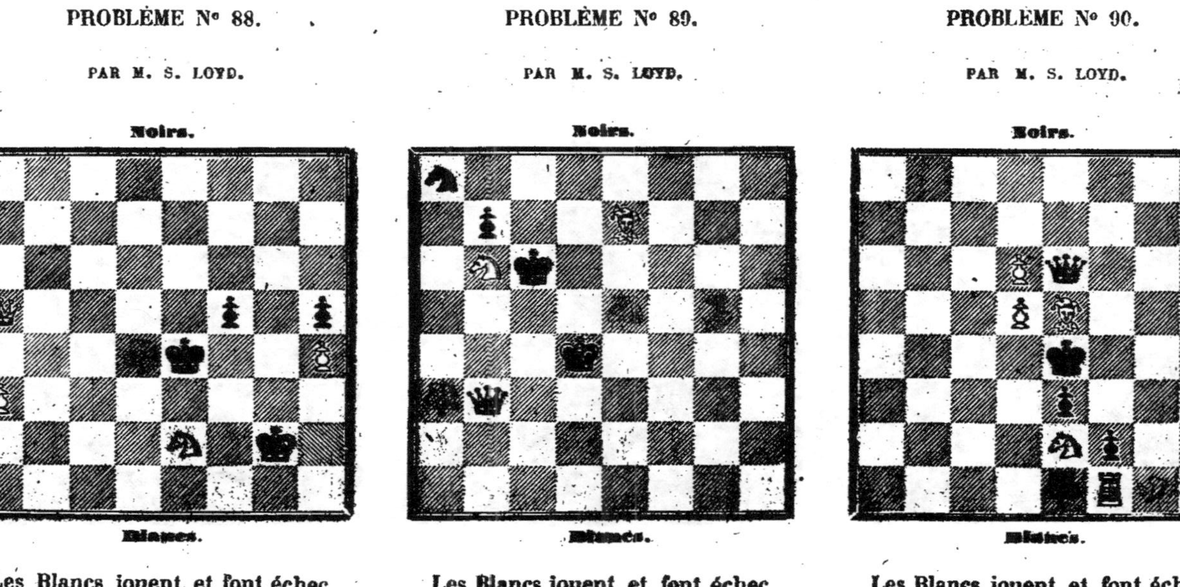

PROBLÈME N° 88.	**PROBLÈME N° 89.**	**PROBLÈME N° 90.**
PAR M. S. LOYD.	PAR M. S. LOYD.	PAR M. S. LOYD.
Noirs.	Noirs.	Noirs.
Blancs.	Blancs.	Blancs.
Les Blancs jouent et font échec et mat en trois coups.	Les Blancs jouent et font échec et mat en trois coups.	Les Blancs jouent et font échec et mat en trois coups.

PROBLÈME N° 91.

PAR M. S. LOYD.

Noirs.

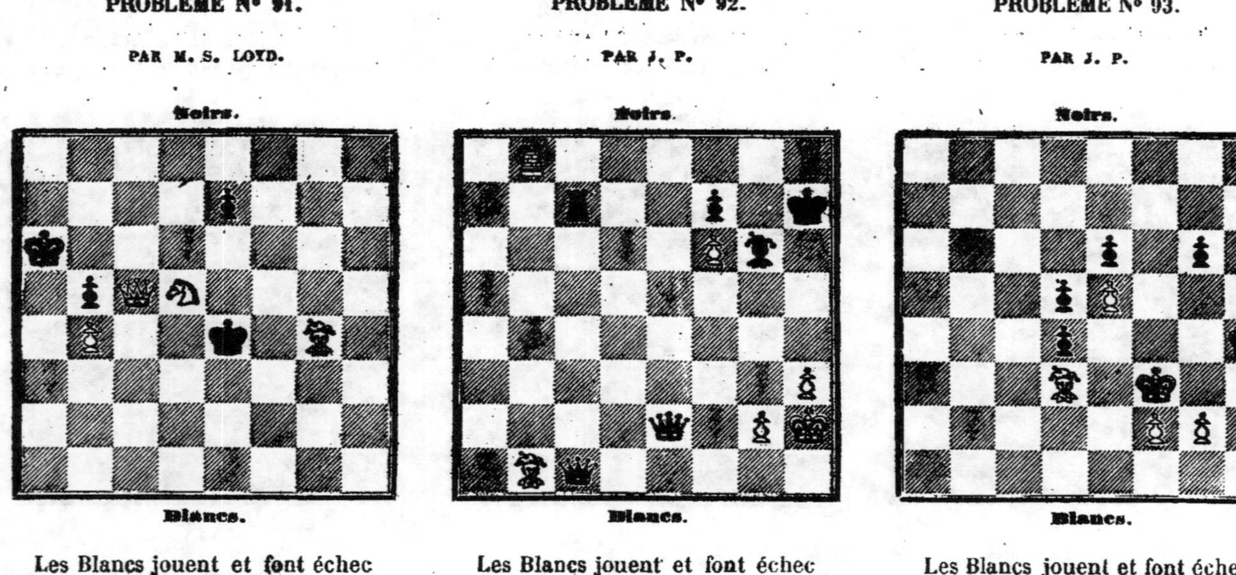

Blancs.

Les Blancs jouent et font échec
et mat en trois coups.

PROBLÈME N° 92.

PAR J. P.

Noirs.

Blancs.

Les Blancs jouent et font échec
; et mat en quatre coups.

PROBLÈME N° 93.

PAR J. P.

Noirs.

Blancs.

Les Blancs jouent et font échec
et mat en quatre coups.

PROBLÈME No 94.

PAR M. E. CAVREL.

Noirs.

Blancs.

Les Blancs jouent et font échec
et mat en quatre coups.

PROBLÈME No 95.

PAR M. E. LEQUESNE.

Noirs.

Blancs.

Les Blancs jouent et font échec
et mat en quatre coups.

PROBLÈME No 96.

PAR M. E. LEQUESNE.

Noirs.

Blancs.

Les Blancs jouent et font échec
et mat en quatre coups.

PROBLÈME Nᵒ 97.	PROBLÈME Nᵒ 98.	PROBLÈME Nᵒ 99.
PAR M. E. LEQUESNE.	PAR M. E. LEQUESNE.	PAR M. I. SPREGA.

Noirs.   Noirs.   Noirs.

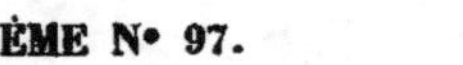

Blancs.   Blancs.   Blancs.

Les Blancs jouent et font échec et mat en quatre coups.	Les Blancs jouent et font échec et mat en quatre coups.	Les Blancs jouent et font échec et mat en quatre coups.

PROBLÈME N° 100.

PAR M. S. LOYD.

Noirs.

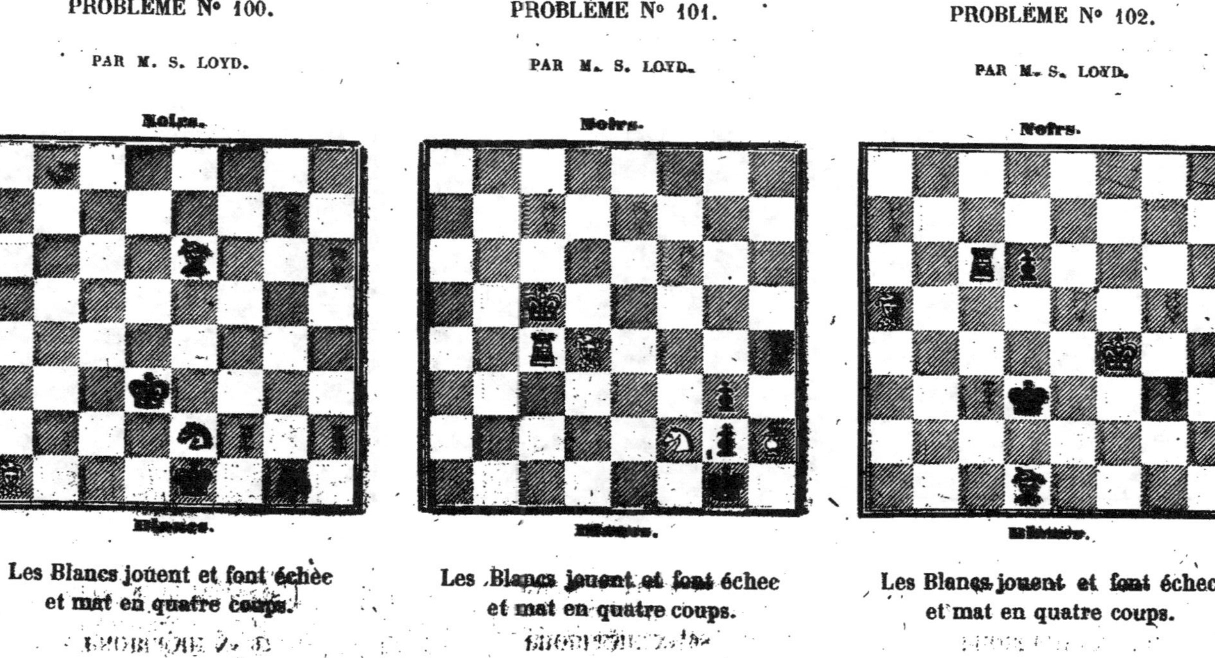

Blancs.

Les Blancs jouent et font échec
et mat en quatre coups.

PROBLÈME N° 101.

PAR M. S. LOYD.

Noirs.

Blancs.

Les Blancs jouent et font échec
et mat en quatre coups.

PROBLÈME N° 102.

PAR M. S. LOYD.

Noirs.

Blancs.

Les Blancs jouent et font échec
et mat en quatre coups.

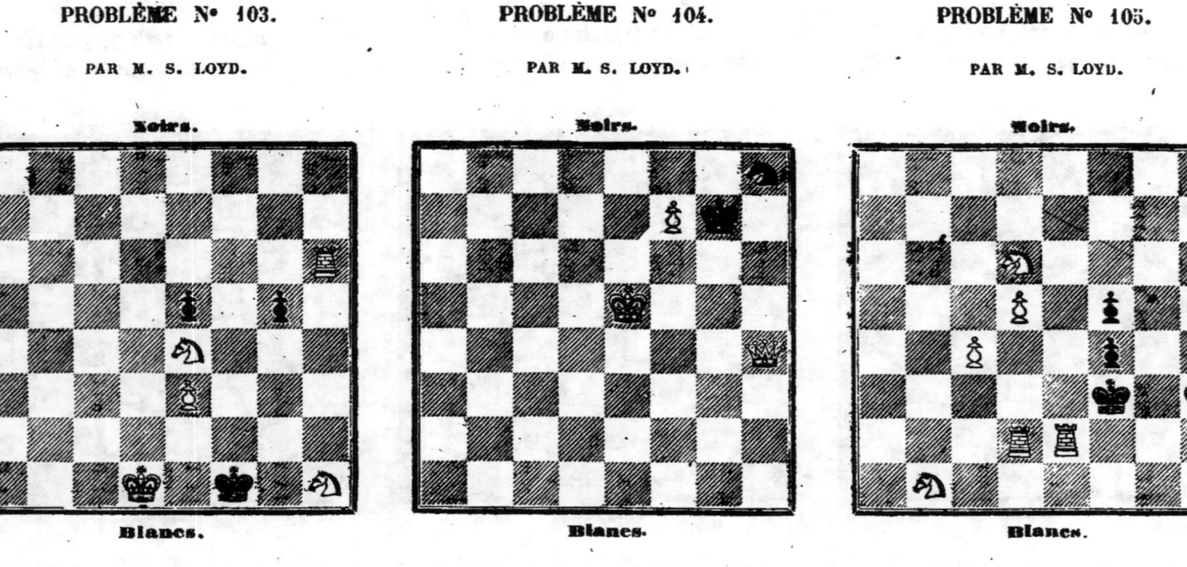

PROBLÈME Nº 103.	PROBLÈME Nº 404.	PROBLÈME Nº 105.
PAR M. S. LOYD.	PAR M. S. LOYD.	PAR M. S. LOYD.
Noirs.	Noirs.	Noirs.
Blancs.	Blancs.	Blancs.
Les Blancs jouent et font échec et mat en quatre coups.	Les Blancs jouent et font échec et mat en quatre coups.	Les Blancs jouent et font échec et mat en quatre coups.

SOLUTIONS DES PROBLÈMES

No 1.

Blancs. | Noirs.

1 F.5TR, échec et mat.

No 2.

1 D.8TD, échec et mat.

No 3.

1 C.6FR, échec déc et mat.

No 4.

1 P.4FR, échec et mat.

No 5.

1 P.4R, échec déc, et mat.

No 6.

1 T.8FR, double échec et mat.

No 7.

1 R.3CD, échec déc. et mat.

No 8.

1 P fait C, échec et mat.

No 9.

1 D.8D éch | 1 C pr D
2 C.7R. échec et mat.

No 10.

1 D.6FR, éch | 1 D pr D
2 T.8CR, échec et mat.

No 11.

1 D.8D éch | 1 T pr D ou (A).
2 T.6TD, échec et mat.

(A)

| 1 D.2FD
2 D pr D, échec et mat.

No 12.

1 Tde5TDprPéch | 1 P pr T ou (A)
2 T pr P, échec et mat.

(A)

| 1 R.1C
2 T.8TR, échec et mat.

No 13.

1 D pr PT éch | 1 T pr D
2 F pr T, échec et mat.

No 14.

1 T pr P éch | 1 P pr T
2 P.7TR, échec et mat.

No 15.

1 T.7FD | 1 N'imp. quoi.
2 P.4R, échec et mat.

No 16.

1 D pr PT éch | 1 T pr D
2 T pr P, échec et mat.

No 17.

1 D.7FD éch | 1 R pr T ou (A).
2 D.7R, éch et mat.

(A)

| 1 R.1F ou 1C
2 D pr PCR, échec et mat.

No 18.

1 T.8D éch | 1 T pr T
2 D.7CD, échec et mat.

No 19.

1 D.8CR | 1 T pr D
2 T.8FR, double échec et mat.

No 20.

1 D.1TD | 1 D pr D ou (A).
2 C pr P, échec et mat.

(A)

| 1 T pr T
2 D pr T, échec et mat.

No 21.

1 D pr PF éch | 1 T pr D ou (A).
2 T.8D, échec et mat.

(A)

| 1 R.1T
2 D pr T, échec et mat.

No 22.

1 C.5CR | 1 T.2D ou (A).
2 T pr PT, échec et mat.

(A)

|1 P.3TR
2 C.7FR, échec et mat.

Nº 23.

1 P.4CR éch |1 R.5F ou (A)
2 C.3TR, double échec et mat.

(A)

|1 R.3F
2 T.6R, échec et mat.

Nº 24.

1 D.5CR |1 R pr T
2 D.5D, échec et mat.

Nº 25.

1 F.8TR |1 D pr F ou (A)
2 D pr D, échec et mat.

(A)

|1 C ou l'une des T joue.
2 D ou l'une des T fait échec et mat.

Il existe une deuxième solution de ce problème.

1 D.1R |1 N'imp. quoi.
2 D pr T ou 3FR, échec et mat.

Nº 26.

1 P fait C |1 R.3D
2 T.4D, échec et mat.

Nº 27.

1 T.6D |1 N'imp. quoi.
2 F.2FR, échec et mat.

Nº 28.

1 D.1R |1 T pr D ou (A)
2 C.3CD pr P, échec et mat.

(A)

|1 Tout autre coup
2 D ou T ou C fait échec et mat.

Nº 29.

1 R.7D |1 N'imp. quoi.
2 D pr T ou pr D, fait échec et mat.

Nº 30.

1 F.5D éch |1 N'imp. quoi.
2 D.2D ou 5FD, échec et mat.

Nº 31.

1 C.8FD |1 N'imp. quoi.
2 C.7R ou D.6D, échec et mat.

Nº 32.

1 T.3FR |1 F ou C pr T ou (A)
2 D.1CD ou 7TR, échec et mat.

(A)

|1 R pr T
2 C.5CR, échec et mat.

Nº 33.

1 T.1R |1 R pr T ou (A)
2 D.2D, échec et mat.

(A)

|1 F joue.
2 D.1CR ou 4TR, échec et mat.

Nº 34.

1 D.8TR |1 D pr T ou (A)
2 D pr D, échec et mat.

(A)

|1 T ou P joue.
2 D pr T ou 8FR, échec et mat.

Nº 35.

1 F.1TR |1 P pr C ou (A) ou (B)
2 D.6R, échec et mat.

(A)

|1 P.4FR
2 D pr C, échec et mat.

(B)

|1 P.4D
2 C.2CR, échec et mat.

Nº 36.

1 C.1FR |1 R pr C ou (A) ou (B)
2 D.1D, échec et mat.

(A)

|1 T pr C
2 C.2CR, échec et mat.

(B)

|1 P.6D
2 D.1CD, échec et mat.

Nº 37.

1 D.4CD |1 R pr T ou (A)
2 D.8CD, échec et mat.

(A)

|1 R.3F ou F joue.
2 T ou D fait échec et mat.

N° 38.

1 C.4D | 1 F ou T pr C (A)
2 D.4FR ou 2CD, échec et mat.

(A)

        | 1 Tout aut. coup.
2 C.3TR, échec et mat.

N° 39.

1 T.3R | 1 C joue ou (A)
          ou (B)
2 D.5R, échec et mat.

(A)

        | 1 P.6CR
2 T.4R, échec et mat.

(B)

        | 1 R pr T
2 D.2D, échec et mat.

N° 40.

1 F.3TD | 1 P.4CD ou (A)
2 F4FD, échec et mat.

(A)

        | 1 F ou C joue.
2 F ou D fait échec et mat.

N° 41.

1 T de 4T à 4FR | 1 T pr T ou (A)
          ou (B)
2 T pr T, échec et mat.

(A)

        | 1 F pr
2 D pr F, échec et mat.

(B)

        | 1 P.5TR
2 T pr P, échec et mat.

N° 42.

1 D.8TD | 1 C joue ou (A)
2 C.3D ou 2R, échec et mat.

(A)

        | 1 T joue.
2 D pr T, échec et mat.

N° 43.

1 T.2CD | 1 R joue.
2 T.7FD ou 7R, échec et mat.

N° 44.

1 R.4FD | 1 T fait éch ou(A)
2 R pr T, échec déc. et mat.

(A)

        | 1 Tout aut. coup.
2 D.3R ou 6CD, échec et mat.

N° 45.

1 D.8TD | 1 D pr D ou (A)
2 P pr D fait D, échec et mat.

(A)

        | 1 Tout aut. coup.
2 D ou T fait échec et mat.

N° 46.

1 F.2TD | 1 P joue ou (A)
2 F fait échec et mat.

(A)

        | 1 Tout aut. coup.
2 D fait échec et mat.

N° 47.

1 D.4CD | 1 D.5D ou (A)
2 D pr D, échec et mat.

(A)

        | 1 Tout aut. coup
2 C.4CR ou T pr F, échec et mat.

N° 48.

1 D.8TD | 1 D pr D ou (A)
          ou (B)
2 C.7FR, échec et mat.

(A)

        | 1 F joue.
2 C.4CR pr P, échec et mat.

(B)

        | 1 D fait éch.
2 D pr D, échec et mat.

N° 49.

1 D.5FD | 1 D fait échec ou
          pr D ou (A)
2 F pr D ou P fait éch déc et mat.

(A)

        | 1 F joue.
2 D ou C fait échec et mat.

N° 50.

1 R pr P | 1 P pr C
2 C.2D | 2 P fait D
3 C.3FR, échec et mat.

N° 51.

1 F.6FD | 1 P.6FR
2 P.4R | 2 P.7FR
3 F.5D, échec et mat.

Nº 52.

1 F.4FR d. éch	1 R.2R
2 D.6D éch	2 C pr D
3 F.5CR, échec et mat.	

Nº 53.

1 D.1TD	1 Ce qu'ils veul.
2 D.1TR	2 —
3 D.8TR, échec et mat.	

Nº 54.

1 R.7R	1 R.4D ou 4FR
2 T.1FD ou 1CR	2 R.4R
3 T.5FD ou 5CR, échec et mat.	

Nº 55.

1 D.6FR	1 R pr P
2 D.6TD	2 N'importe quoi.
3 D.3D ou 6R, échec et mat.	

Nº 56.

1 C.4CD éch	1 R.4CD
2 P.6D éch déc.	2 F pr D
3 F.6FD, échec et mat.	

Nº 57.

1 C.5CR	1 N'importe quoi.
2 P.7TR	2 —
3 C.7FR ou T pr F, échec et mat.	

Nº 58.

1 R.1CR	1 R.5R ou (A)
2 D.5R éch	2 R pr C
3 F.5TR, échec et mat.	

(A)

	1 C joue.
2 D.4D éch	2 R.3R
3 D.5R, échec et mat.	

Nº 59.

1 R.2CD	1 R.4R
2 D.7FD éch	2 R pr l'un ou l'autre des C.
3 D.3FD ou 7CR, échec et mat.	

Nº 60.

1 F.4R	1 R pr F
2 T.7D	2 R.5FR
3 T.4D, échec et mat.	

Nº 61.

1 D.7D éch	1 R pr D
2 F.5FR doub éch	2 R.1R ou 3FD
3 F.7R ou 4R, échec et mat.	

Nº 62.

1 C.3R éch	1 F pr C éch
2 R.3D	2 F joue.
3 P.4R, échec et mat.	

Nº 63.

1 C.8CD éch	1 T pr C
2 D pr P éch	2 R pr D
3 T.8TD, échec et mat.	

Nº 64.

1 P.6CR	1 P joue.
2 D.8FD éch	2 R joue.
3 F ou C fait échec et mat.	

Nº 65.

1 T.8R	1 D pr D ou tout autre coup.
2 T pr T éch	2 T pr T
3 T ou D fait échec et mat.	

Nº 66.

1 C.7FR éch	1 F pr C
2 T.8CR éch	2 F pr T
3 D.1TD. échec et mat.	

Nº 67.

1 C.6R éch	1 D, T ou P pr C (A)
2 D.6TR éch	2 R pr D
3 F.8FR, échec et mat.	

(A)

	1 R.1C ou 1T
2 D.8CD éch	2 T.1FD
3 D pr T, échec et mat.	

N 68.

1 C.3R éch	1 R.3D
2 C.5FR éch	2 R.4D
3 P.4FD, échec et mat.	

Nº 69.

1 T.5CD	1 R.8T ou (A)
2 P fait T	2 R.7T
3 T.8TD, échec et mat.	

(A)

	1 R.6T
2 P fait D	2 R.5T
3 D.3CD, échec et mat.	

Nº 70.

1 P fait F	1 R.5CD
2 F.5R	2 R.4TD
3 F.3FD, échec et mat.	

Nº 71.

1 D.6TR	1 R.5C ou (A)
2 D.1FD	2 R.4T
3 D.3TD, échec et mat.	

(A)

2 R.3C | 1 R.4T
| 2 P.5C
3 D.6CD, échec et mat.

N° 72.

1 C.8TR éch | 1 R pr P ou (A)
| ou (B)
2 D pr T | 2 D fait échec
3 C pr D fait échec déc et mat.

(A)

2 D.7D éch | 1 T pr C
| 2 R joue.
3 D.7CD, échec et mat.

(B)

2 T.8TR éch | 1 R.1F
| 2 D pr T éch
3 D pr D, échec et mat.

N° 73.

1 F.1TR | 1 P.6D
2 R.2CR | 2 R.5R
3 R.3CR, échec et mat.

N° 74.

1 C.5TD | 1 R.4F ou (A)
2 D.3R éch | 2 R.3D
3 D.7R, échec et mat.

(A)

| 1 Tout aut. coup.
2 D.6FD | 2 N'importe quoi.
3 D fait échec et mat.

N° 75.

1 R.7F | 1 C.2CD
2 T.6CD pr P | 2 N'importe quoi.
3 Une des T fait échec et mat.

N° 76.

1 D.8CR | 1 F.3FD
2 T.5D | 2 F pr T
3 D pr F, échec et mat.

(A)

| 1 P.4D
2 D.4CR | 2 Ce qu'ils veul.
3 D fait échec et mat.

N° 77.

1 P.4R | 1 F.4D
2 P.6FD | 2 N'importe quoi.
3 D pr F fait échec et mat.

N° 78.

1 C.3FD | 1 R.5D ou (A)
2 C de 7R à 5D | 2 N'importe quoi.
3 F fait échec et mat.

(A)

| 1 R.3FR
2 C de 3F à 5D | 2 R où il veut.
3 F fait échec et mat.

N° 79.

1 T.1FD éch | 1 R.7F ou (A)
2 T.1R | 2 P pr C
3 C.3D, échec et mat.

(A)

| 1 R.7T
2 C.4TR | 2 P joue.
3 C.3FR, échec et mat.

N° 80.

1 R.5TD | 1 R joue.
2 F.5FR | 2 R joue.
3 D fait échec et mat.

N° 81.

1 T.3CD | 1 R.4R
2 T.3R | 2 R joue.
3 D fait échec et mat.

N° 82.

1 F.7FD | 1 R pr T ou (A)
2 F.5CD | 2 R.4F
3 T.5R, échec et mat.

(A)

| 1 R.6R
2 F.3CR | 2 R.5R
3 T.5R, échec et mat.

N° 83.

1 D.1TD | 1 R.1C ou 3C ou
| (A)
2 C.8FR | 2 R joue.
3 D fait échec et mat.

(A)

| 1 R.3T
2 D.8TR éch | 2 R.3C
3 C.8FR, échec et mat.

N° 84.

1 C.6TR | 1 T joue.
2 F.8CR | 2 T pr F
3 C.7FR, échec et mat.

Nº 85.

1 F.3CD éch	1 R.5R ou (A) ou (B)
2 D.2FR	2 R.6D
3 D.3FR, échec et mat.	

(A)

2 F.4CD	1 R.3F
	2 R 4C
3 D.7CD, échec et mat.	

(B)

2 D.6CD éch	1 R.3D
	2 R.2D
3 F.6R, échec et mat.	

Nº 86.

1 F.6R	1 R.4R
2 P.4R	2 R pr P
3 D.3R, échec et mat.	

Nº 87.

1 T.4CR	1 R.2FR
2 T.7CR éch	2 R.1R
3 C.6FR, échec et mat.	

(A)

2 T.7CR	1 R.2D
	2 R joue.
3 P ou C fait échec et mat.	

Nº 88.

1 C.4FR	1 R pr C ou (A) ou (B)
2 D.1R	2 R.5CR
3 D.3CR, échec et mat.	

(A)

2 R.3F	1 R 5D
	2 R 5FD
3 D.4CD, échec et mat.	

(B)

2 D.5D	1 R.6R
	2 R pr C
3 D.4D, échec et mat.	

Nº 89.

1 D.4TD éch	1 R pr C ou (A)
2 F.6D	2 C.2FD
3 F.5FD, échec et mat.	

(A)

2 F.8D éch	1 R.2F
	2 R joue.
3 D fait échec et mat.	

Nº 90.

1 D 8R	1 R.6D ou 6 R, ou (A) ou (B)
2 D.4TD	2 R pr C
3 D.1D, échec et mat.	

(A)

2 C.3FD éch	1 R pr P
	2 R joue.
3 D.5CD, échec et mat.	

(B)

2 C.3CR éch	1 R.4FR
	2 R joue.
3 D.5TR, échec et mat.	

Il existe une deuxième solution de ce problème.

1 C.3CR éch	1 R.6D
2 D.8FD	2 Ce qu'ils veul.
3 D.3FD, échec et mat.	

Nº 91.

1 D.3FD	1 R pr C. ou (A) ou (B)
2 F.5FR	2 N'importe quoi.
3 D fait échec et mat.	

(A)

2 F.7D	1 P.4R
	2 R pr C
3 D.3D, échec et mat.	

(B)

2 F 3FR éch	1 P.3R
	2 R.4F
3 D.6FR, échec et mat.	

Nº 92.

1 D.5TR éch	1 D.3TR
2 T.8TR éch	2 R pr T
3 D pr D éch	3 F.2TR
4 D fait échec et mat.	

Nᵉ 93.

1 R.4FR	1 P.4CR éch
2 R 3FR	2 P.5CR éch
3 R.4FR	3 P.6CR
4 P pr P, échec et mat.	

Nº 94.

1 P 6CD	1 P pr P
2 F.4TD	2 P.4CD
3 F.2FD	3 P pr F
4 P.4D, échec et mat.	

No 95.

1 D.8FD	1 D pr D
2 T.8TR éch	2 R.2D
3 C.5FD	3 R.3FD
4 P.5D, échec et mat.	

No 96.

1 C.6CD éch	1 T pr C ou (A)
2 D.1TD éch	2 T.3TD
3 D.8TR éch	3 R.2TD
4 D.8CD, échec et mat.	

(A)

	1 R.2TD
2 C.8FD, d. éch	2 R.1TD
3 D.7TD éch	3 T pr D
4 C.6CD, échec et mat.	

No 97.

1 D pr P éch	1 R.1T
2 C.8R	2 T pr C
3 T pr T éch	3 D pr T
4 D pr D, échec et mat.	

No 98.

1 T de 7TR à 7R.	1 R pr C
2 C.4R	2 C.7D
3 R.4CD	3 N'importe quoi
4 P.4FD, échec et mat.	

No 99.

1 P.3TD	1 P.3R
2 R.2D	2 R 5D
3 D.8CD	3 N'importe quoi
4 D.4CD, échec et mat.	

No 100.

1 R.3R	1 R.8F ou (A)
2 F.5R	2 R joue.
3 F.3CR	3 R joue.
4 F.3TR ou 3CD, échec et mat.	

(A)

	1 R.8D
2 F.3FD	2 R.7F
3 F.2TD	3 R.8D
4 F.3CD, échec et mat.	

No 101.

1 C.3TR éch	1 R.8T ou (A)
2 F.1CR	2 P pr P
3 T.4TR	3 P pr F
4 C.2FR, double échec et mat.	

(A)

	1 R pr P ou R.8F
2 C.1CR	2 R joue.
3 F.3R	3 R joue.
4 T.1FD ou 4TR, échec et mat.	

No 102.

1 F.3FD	1 P.4D
2 R.3FR	2 P.5D
3 F.3CD	3 P pr F
4 T.6D, échec et mat.	

No 103.

1 C pr P	1 Ce qu'ils veulent
2 T.6CR	2 —
3 C.3FR	3 —
4 T fait échec et mat.	

No 104.

1 D pr C éch	1 R pr D
2 R.6F	2 R.2T
3 P fait T.	3 R.8T
3 T.8TR, échec et mat.	

No 105.

1 C.4R	1 P pr C
2 C.3FD	2 P.6R
3 T.2FR éch	3 R pr T
4 T.3D, échec et mat.	

RÈGLE DU JEU DES ÉCHECS

QUI A ÉTÉ ADOPTÉE POUR LE GRAND TOURNOI INTERNATIONAL DE 1867.

ARTICLE PREMIER

Les joueurs doivent avoir à leur droite la case angulaire blanche de l'Échiquier. Si l'Échiquier est mal posé, celui des deux qui s'en apercevra, avant de jouer son quatrième coup, pourra exiger qu'on recommence la partie ; mais ce quatrième coup joué de part et d'autre, la partie sera engagée et ne pourra être recommencée.

II

Si les pièces sont mal rangées, celui qui s'en apercevra pourra rectifier ou faire rectifier cette irrégularité avant de jouer son quatrième coup ; mais ce quatrième coup une fois joué de part et d'autre, il faudra continuer la partie dans la position où se trouveront les pièces.

III

Si l'on a oublié un Pion ou une pièce, en commençant la partie, il sera au choix de l'adversaire de la recommencer ou de la continuer en laissant remettre la pièce oubliée.

IV

Si on est convenu de faire avantage d'un Pion ou d'une pièce, et qu'on ait oublié de le faire en commençant, il sera au choix de celui au préjudice duquel cet oubli aura été fait, de continuer la partie ou de la recommencer.

V

Dans les parties à but, le trait se tire d'abord au sort et devient ensuite alternatif, quand même les parties seraient remises. Le trait appartient à celui qui fait avantage d'une pièce.

VI

En cas de difficulté sur la couleur, que la partie se fasse à but ou à avantage, le choix de la couleur sera tiré au sort pour toute la séance.

VII

Lorsqu'on fait avantage du Pion, on doit donner celui du Fou du Roi. Celui qui reçoit avantage de plusieurs traits ne peut en user qu'à la condition de ne pas dépasser son terrain, c'est-à-dire, la moitié de l'Échiquier.

VIII

Quand on a touché une pièce on est obligé de la jouer, à moins qu'on n'ait dit préalablement : *j'adoube*. Et même, pour replacer une pièce qui se serait dérangée sur l'Échiquier, il faudra avoir dit : *j'adoube*.

IX

Quand on a quitté sa pièce, on ne peut plus la reprendre pour la jouer ailleurs; mais tant qu'elle n'est pas abandonnée, on est maître de la poser où l'on veut.

X

Quand on a touché une pièce de son adversaire, sans dire *j'adoube*, il peut vous obliger de la prendre si c'est à vous à jouer. Si cette pièce ne peut être prise, celui qui l'aura touchée jouera son Roi, pouvant le faire; et s'il ne le peut, la faute sera sans conséquence.

XI

Si, par erreur, vous aviez joué une des pièces de votre adversaire au lieu d'une des vôtres, vous pouvez être forcé, au choix de votre adversaire, soit de prendre la pièce, si elle peut être prise, soit de la replacer où elle était et de jouer votre Roi, soit enfin de la laisser à la case où vous l'auriez jouée par inadvertance. En ceci, comme en tout autre cas semblable, si le Roi ne pouvait jouer sans être en échec, cette partie de la peine ne serait pas applicable.

XII

Dans le cas où, par suite d'une erreur, vous seriez obligé de jouer votre Roi, la faculté de roquer vous est retirée.

XIII

Si on a pris la pièce de son adversaire avec une pièce qui ne pût pas la prendre, on est obligé de la prendre avec une autre pièce, si cela se peut. A défaut de quoi, on jouerait la pièce touchée.

XIV

Si vous avez pris votre propre pièce avec une des vôtres, l'adversaire aura le choix de vous prescrire de jouer celle des deux pièces touchées qu'il jugera à propos.

XV

Si l'on fait une fausse marche, l'adversaire a le choix, ou de faire laisser la pièce à la case où elle aura été mise, ou de la laisser jouer régulièrement, ou de la faire replacer en vous obligeant à jouer le Roi.

XVI

Si l'on joue deux coups de suite, l'adversaire a le choix, avant de jouer son coup, ou de laisser passer les deux coups joués, ou de vous faire remettre le second.

XVII

Chaque Pion a le privilége d'avancer de deux cases la première fois qu'on le joue ; mais en ce cas, il peut être immédiatement pris en passant par tout Pion qui serait à portée de le prendre, s'il n'eût été poussé qu'un pas.

Le Roi, en roquant, ne doit sauter que deux cases, c'est-à-dire que la Tour, avec laquelle il roque, se mettra sur la case attenante immédiatement au Roi, et celui-ci, sautant par dessus, se placera de l'autre côté de la Tour.

Le Roi ne peut pas roquer étant en échec, ni lorsqu'il a remué, ni lorsqu'il essuierait un échec en passant, ni avec une Tour qui aurait remué de sa place ; et si dans un de ces quatre cas on jouait le Roi et la Tour pour roquer, l'adversaire a le choix de faire jouer le Roi ou la Tour.

Celui qui fait avantage d'une Tour, peut également roquer du côté où manque cette Tour, en disant : *je roque*.

XVIII

Quand on conduit un Pion à Dame, on prend pour ce Pion telle pièce que l'on veut.

XIX

Si l'on joue une pièce qu'on ne puisse pas jouer sans mettre le Roi en échec, il faut jouer le Roi, et si le Roi ne peut se jouer sans être en échec, la faute sera sans conséquence.

XX

Il faut avertir de l'échec au Roi ; si celui dont le Roi est échec, n'ayant pas été averti, joue tout autre coup que de défendre son Roi de l'échec, et que l'adversaire veuille sur le coup prendre ou attaquer une pièce, en disant : *échec au Roi,* alors celui dont le Roi était en échec rejouera son coup pour couvrir l'échec ou s'en défendre.

XXI

Si le Roi est en échec depuis plusieurs coups, sans qu'on s'en soit aperçu, et qu'il ne soit pas possible de vérifier si on lui a donné échec ou s'il s'est mis en échec lui-même, celui dont le Roi est en échec peut, au moment qu'il s'en aperçoit ou qu'il en est averti, remettre à sa place la dernière pièce qu'il a jouée, et défendre l'échec.

XXII

Si l'adversaire vous déclare échec au Roi, sans néanmoins vous donner échec, dans ce cas, si vous touchez le Roi ou toute autre pièce pour défendre l'échec, et que vous aperceviez que le Roi n'est pas échec, avant que votre adversaire ait joué son coup, vous pourrez rejouer le vôtre.

XXIII

Mais vous ne serez plus à temps d'y revenir, si l'adversaire a joué son coup ; en général, toute irrégularité est couverte du moment que celui qui l'aura commise aura joué ou touché une pièce pour jouer le coup suivant.

XXIV

Lorsqu'on n'a rien à jouer, et que le Roi, étant hors d'échec, ne peut bouger sans s'y mettre, le Roi est pat, la partie est remise.

XXV

Lorsqu'un joueur ne paraît pas pouvoir faire les mats difficiles, tels que celui du Cavalier et du Fou contre le Roi, celui de la Tour et du Fou contre la Tour, celui de la Dame contre la Tour ; sur la réquisition de l'adversaire, on limite à soixante coups, de chaque côté, la fin de partie ; lesquels coups passés, elle sera censée remise.

XXVI

Tout coup contesté doit être décidé suivant les règles cidessus ; en cas de contestation, sur le fait il sera jugé par la galerie, à laquelle les joueurs seront tenus de s'en rapporter.

TABLE DES MATIÈRES

FIN DE LA TABLE DES MATIÈRES.

ERRATA.

Pages 16, 18e ligne, *le gant de la partie, lisez* le gain de la partie.
— 58, *ajoutez* dans le diagramme un Pion noir à 4TD.
— 75, 4e coup des Blancs du quarante-quatrième début **P . 4CR**, *lisez* **P . 4TR**.
— 79, 2e coup des Blancs du cinquante-quatrième début P . 4FD, *lisez* P . 4FR.
— 91, Fin de Partie nº 12, *ajoutez* dans le diagramme un Pion noir à 4D.
— 95, 8e ligne, 2 P . 6R, *lisez* 2 P . 6D.
— 97, diagramme nº 1, le P noir qui est à 3R *doit être placé* à 3D.

FIN

Paris. — Imprimerie BALITOUT, QUESTROY et Cᵉ, rue Baillif, 7.

www.ingramcontent.com/pod-product-compliance
Lightning Source LLC
LaVergne TN
LVHW012253170726
843503LV00002B/524